Armando Barraza

Docente y estudiantado, necesitamos los frutos del cerebro humano

Armando Barraza

Docente y estudiantado, necesitamos los frutos del cerebro humano

docente, estudiantado y frutos.

JustFiction Edition

Cover image: www.ingimage.com

Publisher:
JustFiction! Edition
is a trademark of
Dodo Books Indian Ocean Ltd. and OmniScriptum S.R.L publishing group

120 High Road, East Finchley, London, N2 9ED, United Kingdom
Str. Armeneasca 28/1, office 1, Chisinau MD-2012, Republic of Moldova, Europe
Printed at: see last page
ISBN: 978-620-0-49234-0

Docente y estudiantado, necesitamos los frutos del cerebro humano, que ahí se anidan, para poder alcanzar la enseñanza -aprendizaje de alta calidad hoy día. (Gálatas. 5: 22, 23).

Autor. Armando Barraza Cuellar.

Capitulo uno.

Docente y estudiantado, necesitamos los frutos del cerebro humano, que ahí se anidan, para poder alcanzar la enseñanza -aprendizaje de alta calidad hoy día. (Gálatas. 5:22, 23).

Resumen. Docente y estudiantado, necesitamos los frutos del cerebro humano, que ahí se anidan, para poder alcanzar la enseñanza -aprendizaje de alta calidad hoy día. (Gálatas. 5:22, 23). Dice así: Mas el fruto del Espíritu es amor, gozo, paz, paciencia, benignidad, bondad, fe, mansedumbre, templanza; contra tales cosas no hay ley.

Palabras clave. Mas el fruto del Espíritu es amor, gozo, paz, paciencia, benignidad, bondad, fe, mansedumbre, templanza; contra tales cosas no hay ley.

Introducción. Docente y estudiantado, necesitamos los frutos del cerebro humano, que ahí se anidan, para poder alcanzar la enseñanza -aprendizaje de alta calidad hoy día. (Gálatas. 5:22, 23). Mas el fruto del Espíritu es amor, gozo, paz, paciencia, benignidad, bondad, fe, mansedumbre, templanza; contra tales cosas no hay ley. **5:22 fruto del Espíritu.** Actitudes piadosas que caracterizan la vida de los que pertenecen a Dios por fe en Cristo y poseen el Espíritu de Dios. El Espíritu produce fruto que consiste en nueve características griegas que se conectan de forma inextricable entre si y que se mandan a los creyentes en todo el Nuevo Testamento. **amor.** Una de varias palabras griegas que se traducen "amor", agape se refiere al amor por elección de la voluntad y no al afecto emocional, la atracción física o el lazo familiar, sino a respeto, devoción y afecto que incluyen siempre el servicio voluntario y la disposición incondicional al sacrificio (Juan. 15: 13; Romanos. 5:8; 1 Juan. 3: 16, 17). **gozo.** Una felicidad basada en promesas divinas que no cambian y realidades espirituales eternas. Es una conciencia de bienestar experimentada por la persona que sabe que todo esta bien en su vida por virtud de su relación con el Señor (1 Pedro. 1:8). El gozo no es producto de circunstancias favorables y ocurre aun en las circunstancias mas dolorosas y severas (Juan. 16: 20-22). El gozo es un don de Dios, y como tal los creyentes no deben fabricarlo de manera artificial, sino deleitarse en la bendición que ya poseen (Romanos. 14: 17; Filipenses. 4:4). **paz.** la calma interior que viene como resultado de la confianza total en la relación de salvación con Cristo. la forma verbal denota la suma perfecta de todas las cosas y se refleja en la noción de "tenerlo todo". Como el gozo, la paz no tiene que ver con las circunstancias temporales (Juan. 14:27; Romanos. 8:28; Filipenses. 4: 6, 7,9). **paciencia**. Se refiere a la capacidad para soportar ataques infligidos por otros y la disposición tranquila para aceptar situaciones irritantes o dolorosas (Efesios. 4:2; Colosenses. 3:12; 1 Timoteo. 1:15,16). **benignidad.** Un interés sincero en los demás que se refleja en el deseo de tratarlos con amabilidad tal como el Señor trata a todos los creyentes (Mateo. 1: 28, 29; 19: 13, 14; 2 Timoteo. 2: 24).

Metodología sistemática. bondad. Excelencia moral y espiritual que se manifiesta en la iniciativa para emprender actos de bondad (Romanos. 5:7). Dios manda a los creyentes que sean bondadosos para dar ejemplo a los demás (Romanos. 6: 10; 2 Tesalonicenses. 1:11). **fe.** También se traduce "fidelidad" y se refiere conducirse como una persona leal y digna de confianza (Lamentaciones. 3: 22; Filipenses. 2: 7-9; 1 Tesalonicenses. 5: 24; Apocalipsis. 2:10). **5:23 mansedumbre**. Es una actitud de humildad y amabilidad que se somete con paciencia a pesar de la ofensa, sin deseo alguno de venganza o retribución. En el Nuevo testamento se emplea para describir tres actitudes: sumisión a la voluntad de Dios (Colosenses. 3: 12), disposición a ser ensenados (Santiago.1:21) y la consideración de los demás (Efesios. 4:2) **templanza.** También se conoce como "dominio propio" y se refiere a la restricción de las pasiones y los apetitos (1 Corintios. 9:25; 2 Pedro. 1:5, 6) **no hay ley.** Si un cristiano anda en el Espíritu y manifiesta su fruto, no necesita una ley externa para producir las actitudes y la conducta que agradan a Dios (cp. Romanos. 8:4). Docente y estudiantado, necesitamos los frutos del cerebro humano, que ahí se anidan, para poder alcanzar la enseñanza -aprendizaje de alta calidad hoy día. (Gálatas. 5:22, 23). Mas el fruto del Espíritu es amor, gozo, paz, paciencia, benignidad, bondad, fe, mansedumbre, templanza; contra tales cosas no hay ley. **5:22 fruto del Espíritu.** Actitudes piadosas que caracterizan la vida de los que pertenecen a Dios por fe en Cristo y poseen el Espíritu de Dios. El Espíritu produce fruto que consiste en nueve características griegas que se conectan de forma inextricable entre si y que se mandan a los creyentes en todo el Nuevo Testamento. **amor.** Una de varias palabras griegas que se traducen "amor", ágape se refiere al amor por elección de la voluntad y no al afecto emocional, la atracción física o el lazo familiar, sino a respeto, devoción y afecto que incluyen siempre el servicio voluntario y la disposición incondicional al sacrificio (Juan. 15: 13; Romanos. 5:8; 1 Juan. 3: 16, 17). **gozo.** Una felicidad basada en promesas divinas que no cambian y realidades espirituales eternas. Es una conciencia de bienestar experimentada por la persona que sabe que todo está bien en su vida por virtud de su relación con el Señor (1 Pedro. 1:8).

Discusión.

El gozo no es producto de circunstancias favorables y ocurre aun en las circunstancias más dolorosas y severas (Juan. 16: 20-22).

El gozo es un don de Dios, y como tal los creyentes no deben fabricarlo de manera artificial, sino deleitarse en la bendición que ya poseen (Romanos. 14: 17; Filipenses. 4:4). **paz.** la calma interior que viene como resultado de la confianza total en la relación de salvación con Cristo. la forma verbal denota la suma perfecta de todas las cosas y se refleja en la noción de "tenerlo todo". Como el gozo, la paz no tiene que ver con las circunstancias temporales (Juan. 14:27; Romanos. 8:28; Filipenses. 4: 6, 7,9). **paciencia**. Se refiere a la capacidad para soportar ataques infligidos por otros y la disposición tranquila para aceptar situaciones irritantes o dolorosas (Efesios. 4:2; Colosenses. 3:12; 1 Timoteo. 1:15,16). **benignidad.** Un interés sincero en los demás que se refleja en el deseo de tratarlos con amabilidad tal como el Señor trata a todos los creyentes (Mateo. 1: 28, 29; 19: 13, 14; 2 Timoteo. 2: 24). Ahora nos toca hablar del cerebro humano, donde ahí se anidan los frutos que Dios nos da, todo es cuestión que yo, el estudiante, el docente y todo aquel o aquella que quiera leer, con sabiduría, y entendimiento cada palabra, para poder hacer enlaces, des enlaces y re enlaces en tiempo, espacio y momento, para que emergen todo lo que ahí se anida en el cerebro humano , y que además ahí está el espíritu- conciencia, pues bien, nos toca hablar del cerebro humano, que es el cerebro el cual nos puede brindar todos los atributos viables, para poder iniciar un proceso de enseñanza y aprendizaje de alta calidad para el estudiantado y al docente, de cualquier nivel educativo de diferentes niveles tato el pre escolar hasta los postgrados, todo a su nivel, y claro que si se puede cuándo, el estudiantado y el docente lo quieren hacer, vinculando sus enlaces, sus des enlaces y sus re enlaces de procesos educativos cognitivos y mentales. Pues bien, creo que vamos por un buje camino, y que tarde o temprano, lo lograremos, hasta llegar ala meta, claro que esto requiere: esfuerzo, terquedad, resistencia, sabiduría, inteligencia, poder, consejería, conocimiento y tener reverencia al Dos el eterno, ¡Vamos pues!

Cuadro mental.

El gozo es un don de Dios, y como tal los creyentes no deben fabricarlo de manera artificial, sino deleitarse en la bendición que ya poseen (Romanos. 14: 17; Filipenses. 4:4). **paz.** la calma interior que viene como resultado de la confianza total en la relación de salvación con Cristo. la forma verbal denota la suma perfecta de todas las cosas y se refleja en la noción de "tenerlo todo". Como el gozo, la paz no tiene que ver con las circunstancias temporales (Juan. 14:27; Romanos. 8:28; Filipenses. 4: 6, 7,9). **paciencia**. Se refiere a la capacidad para soportar ataques infligidos por otros y la disposición tranquila para aceptar situaciones irritantes o dolorosas (Efesios. 4:2; Colosenses. 3:12; 1 Timoteo. 1:15,16). **benignidad.** Un interés sincero en los demás que se refleja en el deseo de tratarlos con amabilidad tal como el Señor trata a todos los creyentes (Mateo. 1: 28, 29; 19: 13, 14; 2 Timoteo. 2: 24). Ahora nos toca hablar del cerebro humano, donde ahí se anidan los frutos que Dios nos da, todo es cuestión que yo, el estudiante, el docente y todo aquel o aquella que quiera leer, con sabiduría, y entendimiento cada palabra, para poder hacer enlaces, des enlaces y re enlaces en tiempo, espacio y momento, para que emergen todo lo que ahí se anida en el cerebro humano , y que además ahí está el espíritu- conciencia, pues bien, nos toca hablar del cerebro humano, que es el cerebro el cual nos puede brindar todos los atributos viables, para poder iniciar un proceso de enseñanza y aprendizaje de alta calidad para el estudiantado y al docente, de cualquier nivel educativo de diferentes niveles tato el pre escolar hasta los postgrados, todo a su nivel, y claro que si se puede cuándo, el estudiantado y el docente lo quieren hacer, vinculando sus enlaces, sus des enlaces y sus re enlaces de procesos educativos cognitivos y mentales. Pues bien, creo que vamos por un buje camino, y que tarde o temprano, lo lograremos, hasta llegar a la meta, claro que esto requiere: esfuerzo, terquedad, resistencia, sabiduría, inteligencia, poder, consejería, conocimiento.

Recapitulación. Excelencia moral y espiritual que se manifiesta en la iniciativa para emprender actos de bondad (Romanos. 5:7). Dios manda a los creyentes que sean bondadosos para dar ejemplo a los demás (Romanos. 6: 10; 2 Tesalonicenses. 1:11). **fe.** También se traduce "fidelidad" y se refiere conducirse como una persona leal y digna de confianza (Lamentaciones. 3: 22; Filipenses. 2: 7-9; 1 Tesalonicenses. 5: 24; Apocalipsis. 2:10). **5:23 mansedumbre**. Es una actitud de humildad y amabilidad que se somete con paciencia a pesar de la ofensa, sin deseo alguno de venganza o retribución. En el Nuevo testamento se emplea para describir tres actitudes: sumisión a la voluntad de Dios (Colosenses. 3: 12), disposición a ser ensenados (Santiago.1:21) y la consideración de los demás (Efesios. 4:2) **templanza.** También se conoce como "dominio propio" y se refiere a la restricción de las pasiones y los apetitos (1 Corintios. 9:25; 2 Pedro. 1:5, 6) **no hay ley.** Si un cristiano anda en el Espíritu y manifiesta su fruto, no necesita una ley externa para producir las actitudes y la conducta que agradan a Dios (cp. Romanos. 8:4). Docente y estudiantado, necesitamos los frutos del cerebro humano, que ahí se anidan, para poder alcanzar la enseñanza -aprendizaje de alta calidad hoy día. (Gálatas. 5:22, 23). Mas el fruto del Espíritu es amor, gozo, paz, paciencia, benignidad, bondad, fe, mansedumbre, templanza; contra tales cosas no hay ley. **5:22 fruto del Espíritu.** Actitudes piadosas que caracterizan la vida de los que pertenecen a Dios por fe en Cristo y poseen el Espíritu de Dios. El Espíritu produce fruto que consiste en nueve características griegas que se conectan de forma inextricable entre si y que se mandan a los creyentes en todo el Nuevo Testamento**. amor.** Una de varias palabras griegas que se traducen "amor", ágape se refiere al amor por elección de la voluntad y no al afecto emocional, la atracción física o el lazo familiar, sino a respeto, devoción y afecto que incluyen siempre el servicio voluntario y la disposición incondicional al sacrificio (Juan. 15: 13; Romanos. 5:8; 1 Juan. 3: 16, 17). **gozo.** Una felicidad basada en promesas divinas que no cambian y realidades espirituales eternas. Es una conciencia de bienestar experimentada por la persona que sabe que todo está bien en su vida por virtud de su relación con el Señor (1 Pedro. 1:8).

Imagen.

Resumiendo, el capítulo uno. Excelencia moral y espiritual que se manifiesta en la iniciativa para emprender actos de bondad (Romanos. 5:7). Dios manda a los creyentes que sean bondadosos para dar ejemplo a los demás (Romanos. 6: 10; 2 Tesalonicenses. 1:11). **fe.** También se traduce "fidelidad" y se refiere conducirse como una persona leal y digna de confianza (Lamentaciones. 3: 22; Filipenses. 2: 7-9; 1 Tesalonicenses. 5: 24; Apocalipsis. 2:10). **5:23 mansedumbre**. Es una actitud de humildad y amabilidad que se somete con paciencia a pesar de la ofensa, sin deseo alguno de venganza o retribución. En el Nuevo testamento se emplea para describir tres actitudes: sumisión a la voluntad de Dios (Colosenses. 3: 12), disposición a ser ensenados (Santiago.1:21) y la consideración de los demás (Efesios. 4:2) **templanza.** También se conoce como "dominio propio" y se refiere a la restricción de las pasiones y los apetitos (1 Corintios. 9:25; 2 Pedro. 1:5, 6) **no hay ley.** Si un cristiano anda en el Espíritu y manifiesta su fruto, no necesita una ley externa para producir las actitudes y la conducta que agradan a Dios (cp. Romanos. 8:4). Docente y estudiantado, necesitamos los frutos del cerebro humano, que ahí se anidan, para poder alcanzar la enseñanza -aprendizaje de alta calidad hoy día. (Gálatas. 5:22, 23). Mas el fruto del Espíritu es amor, gozo, paz, paciencia, benignidad, bondad, fe, mansedumbre, templanza; contra tales cosas no hay ley. **5:22 fruto del Espíritu.** Actitudes piadosas que caracterizan la vida de los que pertenecen a Dios por fe en Cristo y poseen el Espíritu de Dios. El Espíritu produce fruto que consiste en nueve características griegas que se conectan de forma inextricable entre si y que se mandan a los creyentes en todo el Nuevo Testamento. **amor.** Una de varias palabras griegas que se traducen "amor", ágape se refiere al amor por elección de la voluntad y no al afecto emocional, la atracción física o el lazo familiar, sino a respeto, devoción y afecto que incluyen siempre el servicio voluntario y la disposición incondicional al sacrificio (Juan. 15: 13; Romanos. 5:8; 1 Juan. 3: 16, 17). **gozo.** Una felicidad basada en promesas divinas que no cambian y realidades espirituales eternas. Es una conciencia de bienestar experimentada por la persona que sabe que todo está bien en su vida por virtud de su relación con el Señor (1 Pedro. 1:8).

Imagen.

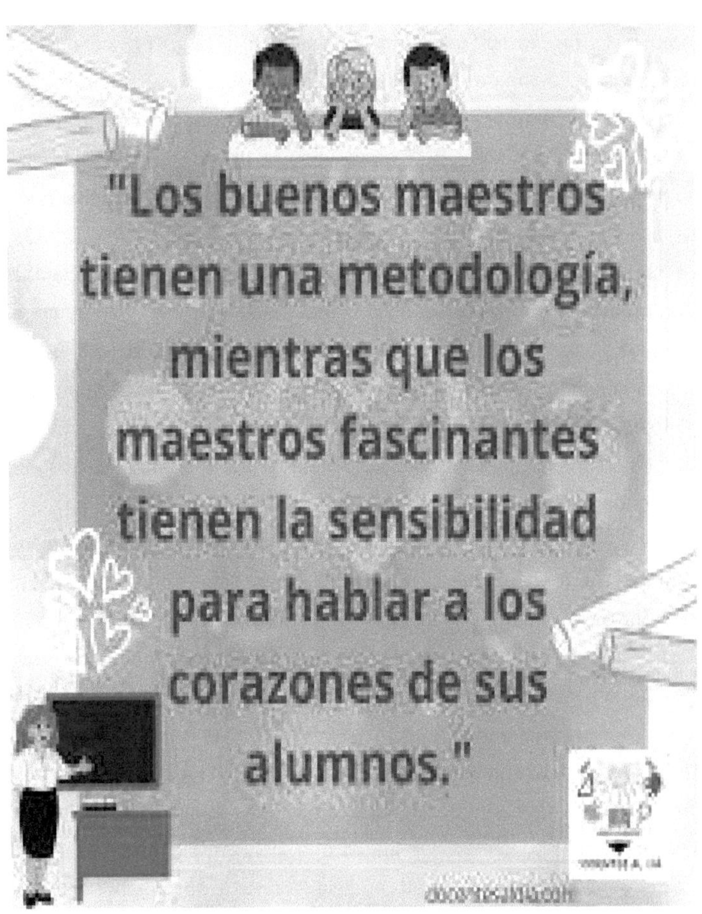
"Los buenos maestros
tienen una metodología,
mientras que los
maestros fascinantes
tienen la sensibilidad
para hablar a los
corazones de sus
alumnos."

Capitulo dos.

Cada estudiante y docente tenemos tres cerebros, pero lo más importante en este momento es los dos cerebros (cerebro humano y cerebro mamífero-hormonal y sexual).

Resumen. Cada estudiante y docente tenemos tres cerebros, pero lo más importante en este momento es los dos cerebros (cerebro humano y cerebro mamífero-hormonal y sexual). Vamos a empezar hablando del cerebro humano, ya que ahí se anidan los conceptos, los frutos de la sabiduría , inteligencia, de la consejería, del poder, del conocimiento y el espíritu- conciencia del bien, y la humildad, la misericordia, el bien para los demás, servir y no ser servido, superación, terquedad, constancia, ser amable, con los demás, subir un peldaño cada segundo en nuestro diario vivir, estar sano físicamente y emocionalmente cada segundo, pensar siempre en llegar hasta la Cima (alto) respetar a nuestros semejantes, a nuestros padres, a nuestros hermanos y hermanas, ser amable con las personas dela tercera edad tanto hombre como mujer. A nuestros docentes (maestros y estudiantes cono compañeros en nuestro diario vivir. Y en el cerebro medio, que es el mamífero-hormonal y sexual ahí se anida la mente- corazón, el desamor, la soberbia, el engaño, la impiedad, la arrogancia, el ego, el egocentrismo, el desamor, las hormonas sexuales, la semilla de la iniquidad- el mal, por ello cada estudiante, cada docente, cada persona tenemos una guerra material y espiritual en la mente que es el cerebro medio(mamífero-hormonal y sexual) porque ahí está la semilla de la iniquidad del mal, y hay una lucha segundo a segundo con el cerebro humano que es ahí donde esta el verdadero amor, el espíritu- conciencia, y Dios mismo esta ahí, luchando con la semilla de la iniquidad es decir hay una lucha entre el bien y el mal, que cada ser humano tenemos en nuestro cerebro:

(Masa Encefálica)

Palabras clave.

Amor, sabiduría, inteligencia, consejería, poder, conocimiento, bondad, servid, amistad, espíritu -conciencia, el desamor, la soberbia, arrogancia, el ego, egocentrismo, la maldad, la pereza mental y somática, rebelde, corazón. Mente. (semilla de la iniquidad del mal) el bien; espíritu- conciencia.

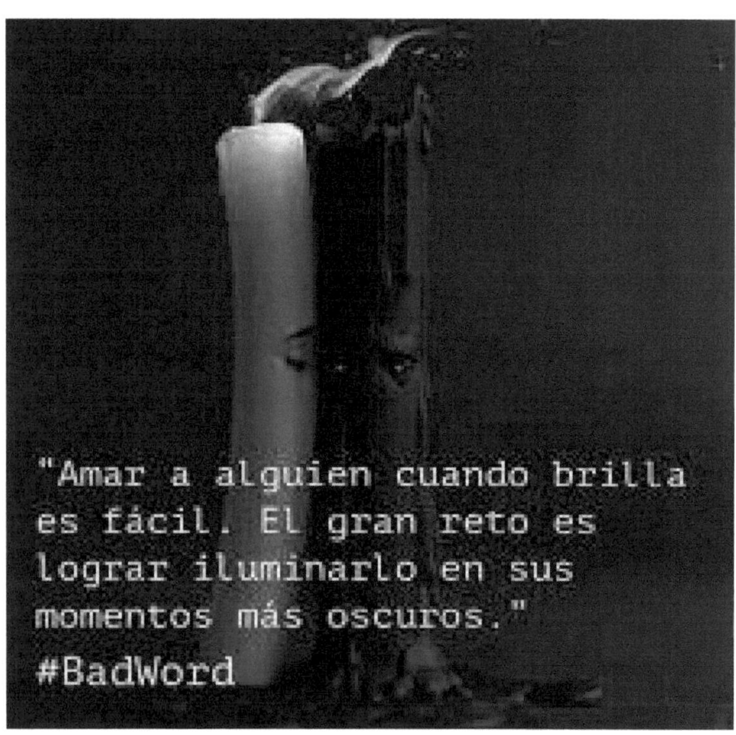

Introducción.

Cada estudiante y docente tenemos tres cerebros, pero lo más importante en este momento es los dos cerebros (cerebro humano y cerebro mamífero-hormonal y sexual). Vamos a empezar hablando del cerebro humano, ya que ahí se anidan los conceptos, los frutos de la sabiduría , inteligencia, de la consejería, del poder, del conocimiento y el espíritu- conciencia del bien, y la humildad, la misericordia, el bien para los demás, servir y no ser servido, superación, terquedad, constancia, ser amable, con los demás, subir un peldaño cada segundo en nuestro diario vivir, estar sano físicamente y emocionalmente cada segundo, pensar siempre en llegar hasta la Cima (alto) respetar a nuestros semejantes, a nuestros padres, a nuestros hermanos y hermanas, ser amable con las personas dela tercera edad tanto hombre como mujer. A nuestros docentes (maestros y estudiantes cono compañeros en nuestro diario vivir. Y en el cerebro medio, que es el mamífero-hormonal y sexual ahí se anida la mente- corazón, el desamor, la soberbia, el engaño, la impiedad, la arrogancia, el ego, el egocentrismo, el desamor, las hormonas sexuales, la semilla de la iniquidad- el mal, por ello cada estudiante, cada docente, cada persona tenemos una guerra material y espiritual en la mente que es el cerebro medio(mamífero-hormonal y sexual) porque ahí está la semilla de la iniquidad del mal, y hay una lucha segundo a segundo con el cerebro humano que es ahí donde está el verdadero amor, el espíritu- conciencia, y Dios mismo está ahí, luchando con la semilla de la iniquidad es decir hay una lucha entre el bien y el mal, que cada ser humano tenemos en nuestro cerebro:

(Masa Encefálica). Amor, sabiduría, inteligencia, consejería, poder, conocimiento, bondad, servid, amistad, espíritu -conciencia, el desamor, la soberbia, arrogancia, el ego, egocentrismo, la maldad, la pereza mental y somática, rebelde, corazón. Mente. (semilla de la iniquidad del mal) el bien; espíritu- conciencia.

Metodología sistemática.

Cada estudiante y docente tenemos tres cerebros, pero lo más importante en este momento es los dos cerebros (cerebro humano y cerebro mamífero-hormonal y sexual). Vamos a empezar hablando del cerebro humano, ya que ahí se anidan los conceptos, los frutos de la sabiduría , inteligencia, de la consejería, del poder, del conocimiento y el espíritu- conciencia del bien, y la humildad, la misericordia, el bien para los demás, servir y no ser servido, superación, terquedad, constancia, ser amable, con los demás, subir un peldaño cada segundo en nuestro diario vivir, estar sano físicamente y emocionalmente cada segundo, pensar siempre en llegar hasta la Cima (alto) respetar a nuestros semejantes, a nuestros padres, a nuestros hermanos y hermanas, ser amable con las personas dela tercera edad tanto hombre como mujer. A nuestros docentes (maestros y estudiantes cono compañeros en nuestro diario vivir. Y en el cerebro medio, que es el mamífero-hormonal y sexual ahí se anida la mente- corazón, el desamor, la soberbia, el engaño, la impiedad, la arrogancia, el ego, el egocentrismo, el desamor, las hormonas sexuales, la semilla de la iniquidad- el mal, por ello cada estudiante, cada docente, cada persona tenemos una guerra material y espiritual en la mente que es el cerebro medio(mamífero-hormonal y sexual) porque ahí está la semilla de la iniquidad del mal, y hay una lucha segundo a segundo con el cerebro humano que es ahí donde está el verdadero amor, el espíritu- conciencia, y Dios mismo está ahí, luchando con la semilla de la iniquidad es decir hay una lucha entre el bien y el mal, que cada ser humano tenemos en nuestro cerebro:

(Masa Encefálica). Amor, sabiduría, inteligencia, consejería, poder, conocimiento, bondad, servid, amistad, espíritu -conciencia, el desamor, la soberbia, arrogancia, el ego, egocentrismo, la maldad, la pereza mental y somática, rebelde, corazón. Mente. (semilla de la iniquidad del mal) el bien; espíritu- conciencia.

Imagen.

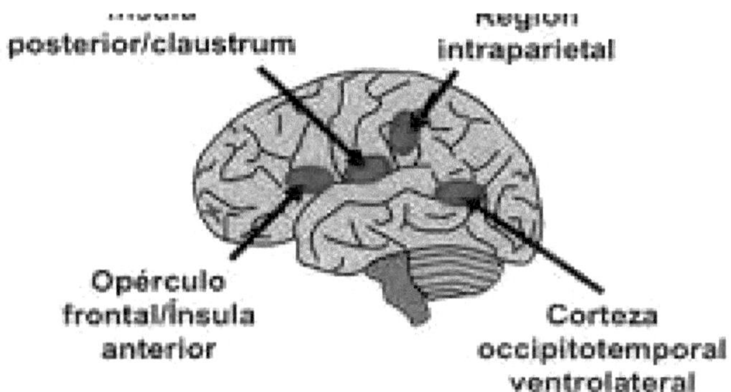

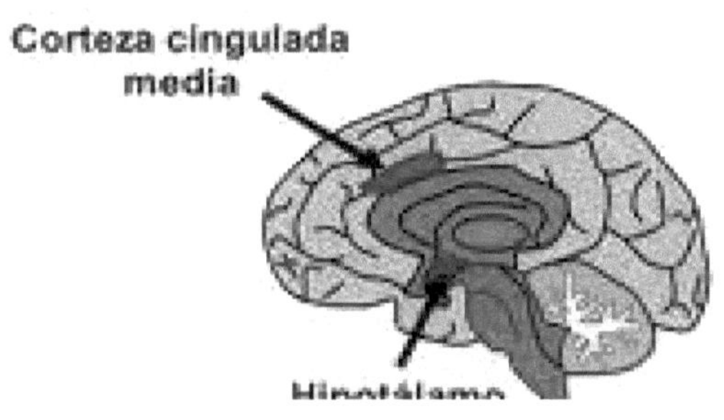

Hipotálamo.

Discusión. Cada estudiante y docente tenemos tres cerebros, pero lo más importante en este momento es los dos cerebros (cerebro humano y cerebro mamífero-hormonal y sexual). Vamos a empezar hablando del cerebro humano, ya que ahí se anidan los conceptos, los frutos de la sabiduría , inteligencia, de la consejería, del poder, del conocimiento y el espíritu- conciencia del bien, y la humildad, la misericordia, el bien para los demás, servir y no ser servido, superación, terquedad, constancia, ser amable, con los demás, subir un peldaño cada segundo en nuestro diario vivir, estar sano físicamente y emocionalmente cada segundo, pensar siempre en llegar hasta la Cima (alto) respetar a nuestros semejantes, a nuestros padres, a nuestros hermanos y hermanas, ser amable con las personas dela tercera edad tanto hombre como mujer. A nuestros docentes (maestros y estudiantes cono compañeros en nuestro diario vivir. Y en el cerebro medio, que es el mamífero-hormonal y sexual ahí se anida la mente- corazón, el desamor, la soberbia, el engaño, la impiedad, la arrogancia, el ego, el egocentrismo, el desamor, las hormonas sexuales, la semilla de la iniquidad- el mal, por ello cada estudiante, cada docente, cada persona tenemos una guerra material y espiritual en la mente que es el cerebro medio(mamífero-hormonal y sexual) porque ahí está la semilla de la iniquidad del mal, y hay una lucha segundo a segundo con el cerebro humano que es ahí donde está el verdadero amor, el espíritu- conciencia, y Dios mismo está ahí, luchando con la semilla de la iniquidad es decir hay una lucha entre el bien y el mal, que cada ser humano tenemos en nuestro cerebro:

(Masa Encefálica)

Amor, sabiduría, inteligencia, consejería, poder, conocimiento, bondad, servid, amistad, espíritu -conciencia, el desamor, la soberbia, arrogancia, el ego, egocentrismo, la maldad, la pereza mental y somática, rebelde, corazón. Mente. (semilla de la iniquidad del mal) el bien; espíritu- conciencia.

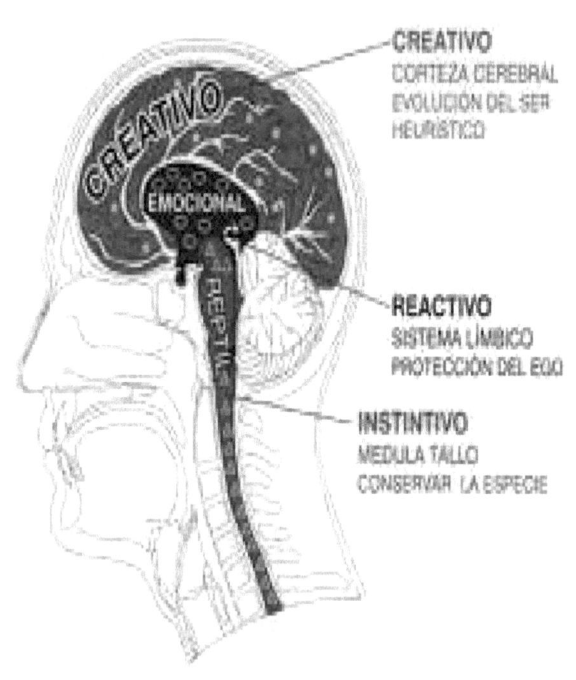
CREATIVO
EMOCIONAL
REPTIL
CREATIVO
CORTEZA CEREBRAL
EVOLUCIÓN DEL SER
HEURÍSTICO
REACTIVO
SISTEMA LÍMBICO
PROTECCIÓN DEL EGO
INSTINTIVO
MEDULA TALLO
CONSERVAR LA ESPECIE

Cuadro mental.

. Cada estudiante y docente tenemos tres cerebros, pero lo más importante en este momento es los dos cerebros (cerebro humano y cerebro mamífero-hormonal y sexual). Vamos a empezar hablando del cerebro humano, ya que ahí se anidan los conceptos, los frutos de la sabiduría , inteligencia, de la consejería, del poder, del conocimiento y el espíritu- conciencia del bien, y la humildad, la misericordia, el bien para los demás, servir y no ser servido, superación, terquedad, constancia, ser amable, con los demás, subir un peldaño cada segundo en nuestro diario vivir, estar sano físicamente y emocionalmente cada segundo, pensar siempre en llegar hasta la Cima (alto) respetar a nuestros semejantes, a nuestros padres, a nuestros hermanos y hermanas, ser amable con las personas dela tercera edad tanto hombre como mujer. A nuestros docentes (maestros y estudiantes cono compañeros en nuestro diario vivir. Y en el cerebro medio, que es el mamífero-hormonal y sexual ahí se anida la mente- corazón, el desamor, la soberbia, el engaño, la impiedad, la arrogancia, el ego, el egocentrismo, el desamor, las hormonas sexuales, la semilla de la iniquidad- el mal, por ello cada estudiante, cada docente, cada persona tenemos una guerra material y espiritual en la mente que es el cerebro medio(mamífero-hormonal y sexual) porque ahí está la semilla de la iniquidad del mal, y hay una lucha segundo a segundo con el cerebro humano que es ahí donde está el verdadero amor, el espíritu- conciencia, y Dios mismo está ahí, luchando con la semilla de la iniquidad es decir hay una lucha entre el bien y el mal, que cada ser humano tenemos en nuestro cerebro:

(Masa Encefálica)

Recapitulación.

Cada estudiante y docente tenemos tres cerebros, pero lo más importante en este momento es los dos cerebros (cerebro humano y cerebro mamífero-hormonal y sexual). Vamos a empezar hablando del cerebro humano, ya que ahí se anidan los conceptos, los frutos de la sabiduría , inteligencia, de la consejería, del poder, del conocimiento y el espíritu- conciencia del bien, y la humildad, la misericordia, el bien para los demás, servir y no ser servido, superación, terquedad, constancia, ser amable, con los demás, subir un peldaño cada segundo en nuestro diario vivir, estar sano físicamente y emocionalmente cada segundo, pensar siempre en llegar hasta la Cima (alto) respetar a nuestros semejantes, a nuestros padres, a nuestros hermanos y hermanas, ser amable con las personas dela tercera edad tanto hombre como mujer. A nuestros docentes (maestros y estudiantes cono compañeros en nuestro diario vivir. Y en el cerebro medio, que es el mamífero-hormonal y sexual ahí se anida la mente- corazón, el desamor, la soberbia, el engaño, la impiedad, la arrogancia, el ego, el egocentrismo, el desamor, las hormonas sexuales, la semilla de la iniquidad- el mal, por ello cada estudiante, cada docente, cada persona tenemos una guerra material y espiritual en la mente que es el cerebro medio(mamífero-hormonal y sexual) porque ahí está la semilla de la iniquidad del mal, y hay una lucha segundo a segundo con el cerebro humano que es ahí donde está el verdadero amor, el espíritu- conciencia, y Dios mismo está ahí, luchando con la semilla de la iniquidad es decir hay una lucha entre el bien y el mal, que cada ser humano tenemos en nuestro cerebro:

(Masa Encefálica)

Amor, sabiduría, inteligencia, consejería, poder, conocimiento, bondad, servid, amistad, espíritu -conciencia, el desamor, la soberbia, arrogancia, el ego, egocentrismo, la maldad, la pereza mental y somática, rebelde, corazón. Mente. (semilla de la iniquidad del mal) el bien; espíritu- conciencia.

Imagen.

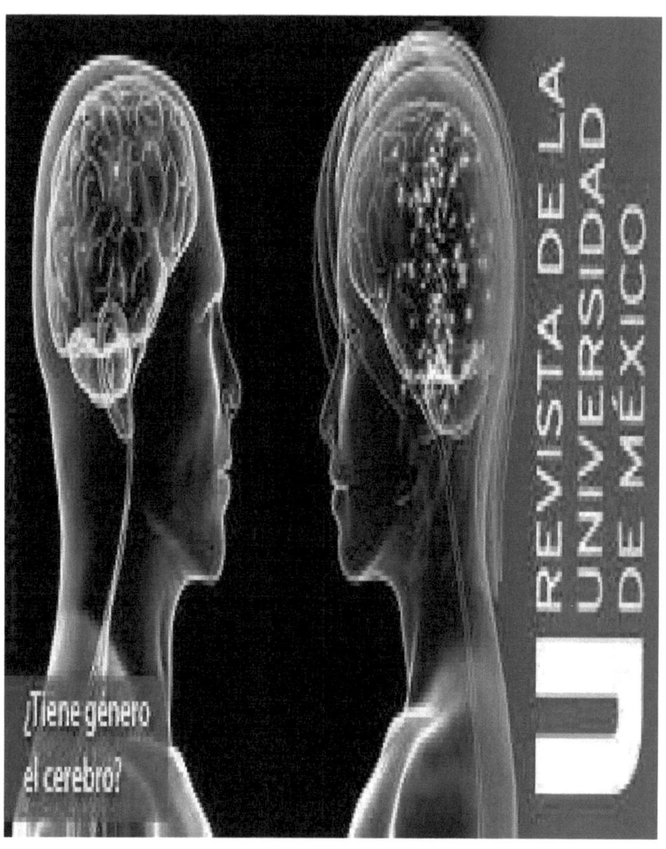
REVISTA DE LA
UNIVERSIDAD
DE MÉXICO
¿Tiene género
el cerebro?

Capitulo tres.

¿Por qué hoy día el estudiantado y el docente, se les hace difícil enlazar el cerebro humano con el cerebro mamífero-sexual y hormonal?

Resumen. ¿Por qué hoy día el estudiantado y el docente, se les hace difícil enlazar el cerebro humano con el cerebro mamífero-sexual y hormonal? Cada ser humano, y de igual manera cada estudiante, y cada docente, tienen y tenemos todos los frutos, los atributos, para hacer el bien , y podemos enlazarnos con el cerebro mamífero -hormonal y sexual y con el mal, pero si reactivamos el cerebro humano que ahí se anida el bien, y hay todo un poder de atributos y frutos todos es cuestión de creer, que en verdad si lo hay., y además cada estudiante , cada docente y cada ser humano ya venimos con nuestro "don" nuestro "fruto" todo es cuestión que nos dejemos llevar por nuestras emociones, por nuestros sueños, por nuestro sentir en muerto interior, y tener mucho cuidado, distinguir nuestro don y nuestro fruto, se, que ¡si se puede!

Palabras clave.

Amor, sabiduría, inteligencia, el bien, consejería, poder, conocimiento, prudencia, referencia, el mal, egoísmo, el ego, egocéntrico, soberbia envidia, desamor. espíritu- conciencia, corazón- mente. "semilla de la iniquidad"

Introducción.

¿Por qué hoy día el estudiantado y el docente, se les hace difícil enlazar el cerebro humano con el cerebro mamífero-sexual y hormonal? Cada ser humano, y de igual manera cada estudiante, y cada docente, tienen y tenemos todos los frutos, los atributos, para hacer el bien , y podemos enlazarnos con el cerebro mamífero - hormonal y sexual y con el mal, pero si reactivamos el cerebro humano que ahí se anida el bien, y hay todo un poder de atributos y frutos todos es cuestión de creer, que en verdad si lo hay., y además cada estudiante , cada docente y cada ser humano ya venimos con nuestro "don" nuestro "fruto" todo es cuestión que nos dejemos llevar por nuestras emociones, por nuestros sueños, por nuestro sentir en muerto interior, y tener mucho cuidado, distinguir nuestro don y nuestro fruto, se, que ¡si se puede! Amor, sabiduría, inteligencia, el bien, consejería, poder, conocimiento, prudencia, referencia, el mal, egoísmo, el ego, egocéntrico, soberbia envidia, desamor. espíritu- conciencia, corazón- mente. "semilla de la iniquidad" ahora bien la pregunta es esta: ¿Por qué el ser humano, el estudiante, el docente y cada persona en general se nos dificulta la relación entre el cerebro humano y el cerebro mamífero-hormonal y sexual? Cada ser humano, tenemos todos los atributos, frutos, las capacidades internas y externa, en nuestra Masa Encefálica que ahí se encuentran los dos cerebros que nos toca comentar en este hermoso libro. Todo es cuestión de razonar, meditar, reflexionar profundamente, con las relaciones de ambos cerebros, es de suma importancia que meditemos, para que exista una relación intrínseca, y viables, para se puedan enlazarse en tiempo, espacio y lugar, e su momento, para que puedan ambos cerebros con sus atributos y funciones, exista un equilibrio parcial y que el cerebro humano actúa como debe de ser. Pero para ello, cada estudiante, cada docente, y cada persona, debe saber, distinguir, que funciones tienen el cerebro humano, y por qué debe de ser el guía, para el cerebro mamífero, y que el amor, sabiduría espíritu - conciencia tiene que llevar un verdadero control y guía al cerebro mamífero que ahí se anida mal, es decir todo lo que nos perjudica tanto lo interior como lo exterior.

Metodologia sisteamtica.

¿Por qué hoy día el estudiantado y el docente, se les hace difícil enlazar el cerebro humano con el cerebro mamífero-sexual y hormonal? Cada ser humano, y de igual manera cada estudiante, y cada docente, tienen y tenemos todos los frutos, los atributos, para hacer el bien , y podemos enlazarnos con el cerebro mamífero - hormonal y sexual y con el mal, pero si reactivamos el cerebro humano que ahí se anida el bien, y hay todo un poder de atributos y frutos todos es cuestión de creer, que en verdad si lo hay., y además cada estudiante , cada docente y cada ser humano ya venimos con nuestro "don" nuestro "fruto" todo es cuestión que nos dejemos llevar por nuestras emociones, por nuestros sueños, por nuestro sentir en muerto interior, y tener mucho cuidado, distinguir nuestro don y nuestro fruto, se, que ¡si se puede! Amor, sabiduría, inteligencia, el bien, consejería, poder, conocimiento, prudencia, referencia, el mal, egoísmo, el ego, egocéntrico, soberbia envidia, desamor. espíritu- conciencia, corazón- mente. "semilla de la iniquidad" ahora bien la pregunta es esta: ¿Por qué el ser humano, el estudiante, el docente y cada persona en general se nos dificulta la relación entre el cerebro humano y el cerebro mamífero-hormonal y sexual? Cada ser humano, tenemos todos los atributos, frutos, las capacidades internas y externa, en nuestra Masa Encefálica que ahí se encuentran los dos cerebros que nos toca comentar en este hermoso libro. Todo es cuestión de razonar, meditar, reflexionar profundamente, con las relaciones de ambos cerebros, es de suma importancia que meditemos, para que exista una relación intrínseca, y viables, para se puedan enlazarse en tiempo, espacio y lugar, en su momento, para que puedan ambos cerebros con sus atributos y funciones, exista un equilibrio parcial y que el cerebro humano actúa como debe de ser. Pero para ello, cada estudiante, cada docente, y cada persona, debe saber, distinguir, que funciones tienen el cerebro humano, y por qué debe de ser el guía, para el cerebro mamífero, y que el amor, sabiduría espíritu - conciencia tiene que llevar un verdadero control y guía al cerebro mamífero que ahí se anida mal, es decir todo lo que nos perjudica tanto lo interior como lo exterior.

Discusion.

¿Por qué hoy día el estudiantado y el docente, se les hace difícil enlazar el cerebro humano con el cerebro mamífero-sexual y hormonal? Cada ser humano, y de igual manera cada estudiante, y cada docente, tienen y tenemos todos los frutos, los atributos, para hacer el bien , y podemos enlazarnos con el cerebro mamífero - hormonal y sexual y con el mal, pero si reactivamos el cerebro humano que ahí se anida el bien, y hay todo un poder de atributos y frutos todos es cuestión de creer, que en verdad si lo hay., y además cada estudiante , cada docente y cada ser humano ya venimos con nuestro "don" nuestro "fruto" todo es cuestión que nos dejemos llevar por nuestras emociones, por nuestros sueños, por nuestro sentir en muerto interior, y tener mucho cuidado, distinguir nuestro don y nuestro fruto, se, que ¡si se puede! Amor, sabiduría, inteligencia, el bien, consejería, poder, conocimiento, prudencia, referencia, el mal, egoísmo, el ego, egocéntrico, soberbia envidia, desamor. espíritu- conciencia, corazón- mente. "semilla de la iniquidad" ahora bien la pregunta es esta: ¿Por qué el ser humano, el estudiante, el docente y cada persona en general se nos dificulta la relación entre el cerebro humano y el cerebro mamífero-hormonal y sexual? Cada ser humano, tenemos todos los atributos, frutos, las capacidades internas y externa, en nuestra Masa Encefálica que ahí se encuentran los dos cerebros que nos toca comentar en este hermoso libro. Todo es cuestión de razonar, meditar, reflexionar profundamente, con las relaciones de ambos cerebros, es de suma importancia que meditemos, para que exista una relación intrínseca, y viables, para se puedan enlazarse en tiempo, espacio y lugar, en su momento, para que puedan ambos cerebros con sus atributos y funciones, exista un equilibrio parcial y que el cerebro humano actúa como debe de ser. Pero para ello, cada estudiante, cada docente, y cada persona, debe saber, distinguir, que funciones tienen el cerebro humano, y por qué debe de ser el guía, para el cerebro mamífero, y que el amor, sabiduría espíritu - conciencia tiene que llevar un verdadero control y guía al cerebro mamífero que ahí se anida mal, es decir todo lo que nos perjudica tanto lo interior como lo exterior.

Imagen.

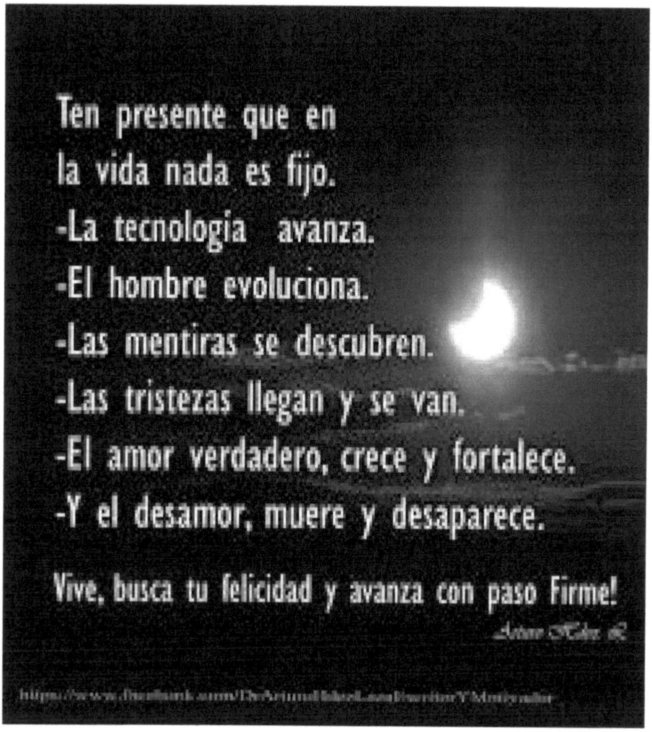

Ten presente que en
la vida nada es fijo.
-La tecnología avanza.
-El hombre evoluciona.
-Las mentiras se descubren.
-Las tristezas llegan y se van.
-El amor verdadero, crece y fortalece.
-Y el desamor, muere y desaparece.

Vive, busca tu felicidad y avanza con paso Firme!

Cuadro mental.

Amor, sabiduría, inteligencia, el bien, consejería, poder, conocimiento, prudencia, referencia, el mal, egoísmo, el ego, egocéntrico, soberbia envidia, desamor. espíritu- conciencia, corazón- mente. "semilla de la iniquidad" ahora bien la pregunta es esta: ¿Por qué el ser humano, el estudiante, el docente y cada persona en general se nos dificulta la relación entre el cerebro humano y el cerebro mamífero-hormonal y sexual? Cada ser humano, tenemos todos los atributos, frutos, las capacidades internas y externa, en nuestra Masa Encefálica que ahí se encuentran los dos cerebros que nos toca comentar en este hermoso libro. Todo es cuestión de razonar, meditar, reflexionar profundamente, con las relaciones de ambos cerebros, es de suma importancia que meditemos, para que exista una relación intrínseca, y viables, para se puedan enlazarse en tiempo, espacio y lugar, en su momento, para que puedan ambos cerebros con sus atributos y funciones, exista un equilibrio parcial y que el cerebro humano actúa como debe de ser. Pero para ello, cada estudiante, cada docente, y cada persona, debe saber, distinguir, que funciones tienen el cerebro humano, y por qué debe de ser el guía, para el cerebro mamífero, y que el amor, sabiduría espíritu - conciencia tiene que llevar un verdadero control y guía al cerebro mamífero que ahí se anida mal, es decir todo lo que nos perjudica tanto lo interior como lo exterior. ¿Usted que dice mi querido estudiante, mi querido docente y publico en general, de este hermoso capítulo?

Imagen.

Lóbulo Prefrontal
Cerebro Humano
Cerebro de Mamífero
Cerebro de Reptil

Recapitulacion. ¿Por qué hoy día el estudiantado y el docente, se les hace difícil enlazar el cerebro humano con el cerebro mamífero-sexual y hormonal? Cada ser humano, y de igual manera cada estudiante, y cada docente, tienen y tenemos todos los frutos, los atributos, para hacer el bien , y podemos enlazarnos con el cerebro mamífero -hormonal y sexual y con el mal, pero si reactivamos el cerebro humano que ahí se anida el bien, y hay todo un poder de atributos y frutos todos es cuestión de creer, que en verdad si lo hay., y además cada estudiante , cada docente y cada ser humano ya venimos con nuestro "don" nuestro "fruto" todo es cuestión que nos dejemos llevar por nuestras emociones, por nuestros sueños, por nuestro sentir en muerto interior, y tener mucho cuidado, distinguir nuestro don y nuestro fruto, se, que ¡si se puede! Amor, sabiduría, inteligencia, el bien, consejería, poder, conocimiento, prudencia, referencia, el mal, egoísmo, el ego, egocéntrico, soberbia envidia, desamor. espíritu- conciencia, corazón- mente. "semilla de la iniquidad" ahora bien la pregunta es esta: ¿Por qué el ser humano, el estudiante, el docente y cada persona en general se nos dificulta la relación entre el cerebro humano y el cerebro mamífero-hormonal y sexual? Cada ser humano, tenemos todos los atributos, frutos, las capacidades internas y externa, en nuestra Masa Encefálica que ahí se encuentran los dos cerebros que nos toca comentar en este hermoso libro. Todo es cuestión de razonar, meditar, reflexionar profundamente, con las relaciones de ambos cerebros, es de suma importancia que meditemos, para que exista una relación intrínseca, y viables, para se puedan enlazarse en tiempo, espacio y lugar, en su momento, para que puedan ambos cerebros con sus atributos y funciones, exista un equilibrio parcial y que el cerebro humano actúa como debe de ser. Pero para ello, cada estudiante, cada docente, y cada persona, debe saber, distinguir, que funciones tienen el cerebro humano, y por qué debe de ser el guía, para el cerebro mamífero, y que el amor, sabiduría espíritu - conciencia tiene que llevar un verdadero control y guía al cerebro mamífero que ahí se anida mal, es decir todo lo que nos perjudica tanto lo interior como lo exterior.

Imagen.

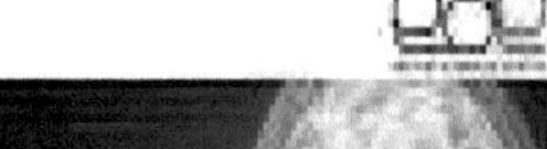

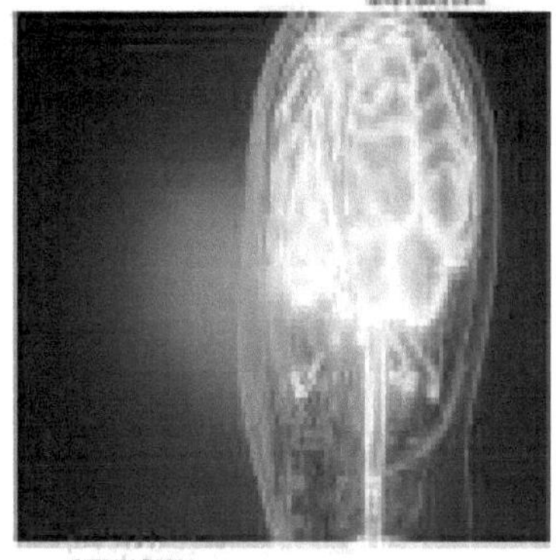
Porque hoy día nos gobierna mas en:Cerebro Hormonal-Medial y Mamífero?

Resumiendo este hermoso capitulo. ¿Por qué hoy día el estudiantado y el docente, se les hace difícil enlazar el cerebro humano con el cerebro mamífero-sexual y hormonal? Cada ser humano, y de igual manera cada estudiante, y cada docente, tienen y tenemos todos los frutos, los atributos, para hacer el bien , y podemos enlazarnos con el cerebro mamífero -hormonal y sexual y con el mal, pero si reactivamos el cerebro humano que ahí se anida el bien, y hay todo un poder de atributos y frutos todos es cuestión de creer, que en verdad si lo hay., y además cada estudiante , cada docente y cada ser humano ya venimos con nuestro "don" nuestro "fruto" todo es cuestión que nos dejemos llevar por nuestras emociones, por nuestros sueños, por nuestro sentir en muerto interior, y tener mucho cuidado, distinguir nuestro don y nuestro fruto, se, que ¡si se puede! Amor, sabiduría, inteligencia, el bien, consejería, poder, conocimiento, prudencia, referencia, el mal, egoísmo, el ego, egocéntrico, soberbia envidia, desamor. espíritu- conciencia, corazón- mente. "semilla de la iniquidad" ahora bien la pregunta es esta: ¿Por qué el ser humano, el estudiante, el docente y cada persona en general se nos dificulta la relación entre el cerebro humano y el cerebro mamífero-hormonal y sexual? Cada ser humano, tenemos todos los atributos, frutos, las capacidades internas y externa, en nuestra Masa Encefálica que ahí se encuentran los dos cerebros que nos toca comentar en este hermoso libro. Todo es cuestión de razonar, meditar, reflexionar profundamente, con las relaciones de ambos cerebros, es de suma importancia que meditemos, para que exista una relación intrínseca, y viables, para se puedan enlazarse en tiempo, espacio y lugar, en su momento, para que puedan ambos cerebros con sus atributos y funciones, exista un equilibrio parcial y que el cerebro humano actúa como debe de ser. Pero para ello, cada estudiante, cada docente, y cada persona, debe saber, distinguir, que funciones tienen el cerebro humano, y por qué debe de ser el guía, para el cerebro mamífero, y que el amor, sabiduría espíritu - conciencia tiene que llevar un verdadero control y guía al cerebro mamífero que ahí se anida mal, es decir todo lo que nos perjudica tanto lo interior como lo exterior.

Capitulo cuatro. ¿Qué necesitamos para que nuestro cerebro humano se enlace con el cerebro mamifero-horomonal y sexual y asi poder llegar hasta la Cima?

Resumen. ¿Qué necesitamos para que nuestro cerebro humano se enlace con el cerebro mamifero-horomonal y sexual y asi poder llegar hasta la Cima? Primeramente hay que parar en nuestro diario vivir y caminar, y reflexionar, y meditando podemos decir. Debo de iniciar de nuevo, y que mi cerebro humano donde en el habita los atributos viables para poder dirijir al cerebro mamifero-homronal y sexual y asi entre dos podran caminar en nuestro diario vivir, y que el cerebro humano con sus frutods que son: amor, sabdiura, e inteligencia , consejeria, poder, y concocimiento, y sobre todo tener respeto y reverencia al Creador, el Eterno, para poder saber, entender y dirijir con sabiduria al cerebro mamifero ya que en el se anidan: la semilla de la iniquidada (de la ciencia del mal) y tambien ahí estan: la sobebrbia, el ego, el egoc netrismo, la vanidad, la arrogancia, el desamor,y las desviaciones sexuales, y tood lo que nos hace tanto dano en nuestro interior y exteiror. Pero el cerebro humano, con su verdadero amor, y misericordia y toos lo demas, puede dirigir, orientar, meditar , y parar unos minutos y reflexonar, y nos preguntamos . ¿Qu esto haciendo con mi vida?, debo de aprender a decir un: No cuanod todo marcha mal, y cambiar de direcion, y todo para el bien. Aunque este sufirendo momentos de pobleza, de soledad, yo se, que en mi lado esta hoy y siempre el Creador, el todo Poderoso. Esta comnigo hoy siempre.

Palabras clave. Enlaces, amor, sabiduría, inteligencia, consejería, poder, conocimiento, docente, estudiantado, los cuatro vientos, las diferentes instituciones escolares, tanto: preescolar, escolar, secundaria, preparatoria, universidad, maestrías doctorado y post doctorados.

Introducción.

¿Qué necesitamos para que nuestro cerebro humano se enlace con el cerebro mamifero-horomonal y sexual y asi poder llegar hasta la Cima? Primeramente hay que parar en nuestro diario vivir y caminar, y reflexionar, y meditando podemos decir. Debo de iniciar de nuevo, y que mi cerebro humano donde en el habita los atributos viables para poder dirijir al cerebro mamifero- homronal y sexual y asi entre dos podran caminar en nuestro diario vivir, y que el cerebro humano con sus frutods que son: amor, sabdiura, e inteligencia , consejeria, poder, y concocimiento, y sobre todo tener respeto y reverencia al Creador, el Eterno, para poder saber, entender y dirijir con sabiduria al cerebro mamifero ya que en el se anidan: la semilla de la iniquidada (de la ciencia del mal) y tambien ahí estan: la sobebrbia, el ego, el egoc netrismo, la vanidad, la arrogancia, el desamor,y las desviaciones sexuales, y tood lo que nos hace tanto dano en nuestro interior y exteiror. Pero el cerebro humano, con su verdadero amor, y misericordia y toos lo demas, puede dirigir, orientar, meditar , y parar unos minutos y reflexonar, y nos preguntamos . ¿Qu esto haciendo con mi vida?, debo de aprender a decir un: No cuanod todo marcha mal, y cambiar de direcion, y todo para el bien. Aunque este sufirendo momentos de pobleza, de soledad, yo se, que en mi lado esta hoy y siempre el Creador, el todo Poderoso. Esta comnigo hoy siempre. Enlaces, amor, sabiduría, inteligencia, consejería, poder, conocimiento, docente, estudiantado, los cuatro vientos, las diferentes instituciones escolares, tanto: preescolar, escolar, secundaria, preparatoria, universidad, maestrías doctorado y post doctorados. Vamos por un camino correcto hasta hoy, y si, seguimos así, llegaremos a la Cima, con una educación de alta calidad.

Metodología sistemática.

¿Qué necesitamos para que nuestro cerebro humano se enlace con el cerebro mamifero-horomonal y sexual y asi poder llegar hasta la Cima? Primeramente hay que parar en nuestro diario vivir y caminar, y reflexionar, y meditando podemos decir. Debo de iniciar de nuevo, y que mi cerebro humano donde en el habita los atributos viables para poder dirijir al cerebro mamifero- homronal y sexual y asi entre dos podran caminar en nuestro diario vivir, y que el cerebro humano con sus frutods que son: amor, sabdiura, e inteligencia , consejeria, poder, y concocimiento, y sobre todo tener respeto y reverencia al Creador, el Eterno, para poder saber, entender y dirijir con sabiduria al cerebro mamifero ya que en el se anidan: la semilla de la iniquidada (de la ciencia del mal) y tambien ahí estan: la sobebrbia, el ego, el egoc netrismo, la vanidad, la arrogancia, el desamor,y las desviaciones sexuales, y tood lo que nos hace tanto dano en nuestro interior y exteiror. Pero el cerebro humano, con su verdadero amor, y misericordia y toos lo demas, puede dirigir, orientar, meditar , y parar unos minutos y reflexonar, y nos preguntamos . ¿Qu esto haciendo con mi vida?, debo de aprender a decir un: No cuanod todo marcha mal, y cambiar de direcion, y todo para el bien. Aunque este sufirendo momentos de pobleza, de soledad, yo se, que en mi lado esta hoy y siempre el Creador, el todo Poderoso. Esta comnigo hoy siempre. Enlaces, amor, sabiduría, inteligencia, consejería, poder, conocimiento, docente, estudiantado, los cuatro vientos, las diferentes instituciones escolares, tanto: preescolar, escolar, secundaria, preparatoria, universidad, maestrías doctorado y post doctorados. Vamos por un camino correcto hasta hoy, y si, seguimos así, llegaremos a la Cima, con una educación de alta calidad. Creo sinceramente que vamos por un camino correcto, y si así seguimos así, más adelante, pues nuestro cerebro humano, tendrá el control, de seguir bien, y dirigiendo al cerebro mamífero -hormonal y sexual a que no se desvía.

Imagen.

NOEL ANGULO MARCIAL
Glosario de la docencia en la sociedad del conocimiento
Práctica Educativa

Discusión.

¿Qué necesitamos para que nuestro cerebro humano se enlace con el cerebro mamifero-hormonal y sexual y asi poder llegar hasta la Cima? Primeramente hay que parar en nuestro diario vivir y caminar, y reflexionar, y meditando podemos decir. Debo de iniciar de nuevo, y que mi cerebro humano donde en el habita los atributos viables para poder dirijir al cerebro mamifero- homronal y sexual y asi entre dos podran caminar en nuestro diario vivir, y que el cerebro humano con sus frutods que son: amor, sabdiura, e inteligencia , consejeria, poder, y concocimiento, y sobre todo tener respeto y reverencia al Creador, el Eterno, para poder saber, entender y dirijir con sabiduria al cerebro mamifero ya que en el se anidan: la semilla de la iniquidada (de la ciencia del mal) y tambien ahí estan: la sobebrbia, el ego, el egoc netrismo, la vanidad, la arrogancia, el desamor,y las desviaciones sexuales, y tood lo que nos hace tanto dano en nuestro interior y exteiror. Pero el cerebro humano, con su verdadero amor, y misericordia y toos lo demas, puede dirigir, orientar, meditar , y parar unos minutos y reflexonar, y nos preguntamos . ¿Qu esto haciendo con mi vida?, debo de aprender a decir un: No cuanod todo marcha mal, y cambiar de direcion, y todo para el bien. Aunque este sufirendo momentos de pobleza, de soledad, yo se, que en mi lado esta hoy y siempre el Creador, el todo Poderoso. Esta comnigo hoy siempre. Enlaces, amor, sabiduría, inteligencia, consejería, poder, conocimiento, docente, estudiantado, los cuatro vientos, las diferentes instituciones escolares, tanto: preescolar, escolar, secundaria, preparatoria, universidad, maestrías doctorado y post doctorados. Vamos por un camino correcto hasta hoy, y si, seguimos así, llegaremos a la Cima, con una educación de alta calidad. Creo sinceramente que vamos por un camino correcto, y si así seguimos así, más adelante, pues nuestro cerebro humano, tendrá el control, de seguir bien, y dirigiendo al cerebro mamífero -hormonal y sexual a que no se desvía.

Cuadro mental.

. ¿Qué necesitamos para que nuestro cerebro humano se enlace con el cerebro mamifero-horomonal y sexual y asi poder llegar hasta la Cima? Primeramente hay que parar en nuestro diario vivir y caminar, y reflexionar, y meditando podemos decir. Debo de iniciar de nuevo, y que mi cerebro humano donde en el habita los atributos viables para poder dirijir al cerebro mamifero- homronal y sexual y asi entre dos podran caminar en nuestro diario vivir, y que el cerebro humano con sus frutods que son: amor, sabdiura, e inteligencia , consejeria, poder, y concocimiento, y sobre todo tener respeto y reverencia al Creador, el Eterno, para poder saber, entender y dirijir con sabiduria al cerebro mamifero ya que en el se anidan: la semilla de la iniquidada (de la ciencia del mal) y tambien ahí estan: la sobebrbia, el ego, el egoc netrismo, la vanidad, la arrogancia, el desamor,y las desviaciones sexuales, y tood lo que nos hace tanto dano en nuestro interior y exteiror. Pero el cerebro humano, con su verdadero amor, y misericordia y toos lo demas, puede dirigir, orientar, meditar , y parar unos minutos y reflexonar, y nos preguntamos . ¿Qu esto haciendo con mi vida?, debo de aprender a decir un: No cuanod todo marcha mal, y cambiar de direcion, y todo para el bien. Aunque este sufirendo momentos de pobleza, de soledad, yo se, que en mi lado esta hoy y siempre el Creador, el todo Poderoso. Esta comnigo hoy siempre.

Enlaces, amor, sabiduría, inteligencia, consejería, poder, conocimiento, docente, estudiantado, los cuatro vientos, las diferentes instituciones escolares, tanto: preescolar, escolar, secundaria, preparatoria, universidad, maestrías doctorado y post doctorados.

Recapitulación.

¿Qué necesitamos para que nuestro cerebro humano se enlace con el cerebro mamifero-hormonal y sexual y asi poder llegar hasta la Cima? Primeramente hay que parar en nuestro diario vivir y caminar, y reflexionar, y meditando podemos decir. Debo de iniciar de nuevo, y que mi cerebro humano donde en el habita los atributos viables para poder dirijir al cerebro mamifero- homronal y sexual y asi entre dos podran caminar en nuestro diario vivir, y que el cerebro humano con sus frutods que son: amor, sabdiura, e inteligencia , consejeria, poder, y concocimiento, y sobre todo tener respeto y reverencia al Creador, el Eterno, para poder saber, entender y dirijir con sabiduria al cerebro mamifero ya que en el se anidan: la semilla de la iniquidada (de la ciencia del mal) y tambien ahí estan: la sobebrbia, el ego, el egoc netrismo, la vanidad, la arrogancia, el desamor,y las desviaciones sexuales, y tood lo que nos hace tanto dano en nuestro interior y exteiror. Pero el cerebro humano, con su verdadero amor, y misericordia y toos lo demas, puede dirigir, orientar, meditar , y parar unos minutos y reflexonar, y nos preguntamos . ¿Qu esto haciendo con mi vida?, debo de aprender a decir un: No cuanod todo marcha mal, y cambiar de direcion, y todo para el bien. Aunque este sufirendo momentos de pobleza, de soledad, yo se, que en mi lado esta hoy y siempre el Creador, el todo Poderoso. Esta comnigo hoy siempre. Enlaces, amor, sabiduría, inteligencia, consejería, poder, conocimiento, docente, estudiantado, los cuatro vientos, las diferentes instituciones escolares, tanto: preescolar, escolar, secundaria, preparatoria, universidad, maestrías doctorado y post doctorados. Vamos por un camino correcto hasta hoy, y si, seguimos así, llegaremos a la Cima, con una educación de alta calidad. Creo sinceramente que vamos por un camino correcto, y si así seguimos así, más adelante, pues nuestro cerebro humano, tendrá el control, de seguir bien, y dirigiendo al cerebro mamífero -hormonal y sexual a que no se desvía. Hay que tener mucho amor y constancia todo estudiante y todo docente de los cuatro vientos, para poder llegar a una enseñanza- aprendizaje de alta calidad y ser útiles ante la sociedad, y consigo mismo, y sobre con nuestros padres, en la familia.

Imagen.

ANTONIO CRESPILLO
#EDÚCAME
DESPACIOQUE
CREZCODEPRISA
EDUCACIÓN
TIEMPO
ESTIMA
PENSAR
Guías
PALABRA

Resumiendo, este hermoso capitulo.

¿Qué necesitamos para que nuestro cerebro humano se enlace con el cerebro mamifero-hormonal y sexual y asi poder llegar hasta la Cima? Primeramente hay que parar en nuestro diario vivir y caminar, y reflexionar, y meditando podemos decir. Debo de iniciar de nuevo, y que mi cerebro humano donde en el habita los atributos viables para poder dirijir al cerebro mamifero- homronal y sexual y asi entre dos podran caminar en nuestro diario vivir, y que el cerebro humano con sus frutods que son: amor, sabdiura, e inteligencia , consejeria, poder, y concocimiento, y sobre todo tener respeto y reverencia al Creador, el Eterno, para poder saber, entender y dirijir con sabiduria al cerebro mamifero ya que en el se anidan: la semilla de la iniquidada (de la ciencia del mal) y tambien ahí estan: la sobebrbia, el ego, el egoc netrismo, la vanidad, la arrogancia, el desamor,y las desviaciones sexuales, y tood lo que nos hace tanto dano en nuestro interior y exteiror. Pero el cerebro humano, con su verdadero amor, y misericordia y toos lo demas, puede dirigir, orientar, meditar , y parar unos minutos y reflexonar, y nos preguntamos . ¿Qu esto haciendo con mi vida?, debo de aprender a decir un: No cuanod todo marcha mal, y cambiar de direcion, y todo para el bien. Aunque este sufirendo momentos de pobleza, de soledad, yo se, que en mi lado esta hoy y siempre el Creador, el todo Poderoso. Esta comnigo hoy siempre. Enlaces, amor, sabiduría, inteligencia, consejería, poder, conocimiento, docente, estudiantado, los cuatro vientos, las diferentes instituciones escolares, tanto: preescolar, escolar, secundaria, preparatoria, universidad, maestrías doctorado y post doctorados. Vamos por un camino correcto hasta hoy, y si, seguimos así, llegaremos a la Cima, con una educación de alta calidad. Creo sinceramente que vamos por un camino correcto, y si así seguimos así, más adelante, pues nuestro cerebro humano, tendrá el control, de seguir bien, y dirigiendo al cerebro mamífero -hormonal y sexual a que no se desvía. Hay que tener mucho amor y constancia todo estudiante y todo docente de los cuatro vientos, para poder llegar a una enseñanza- aprendizaje de alta calidad y ser útiles ante la sociedad, y consigo mismo, y sobre con nuestros padres, en la familia.

Imagen.

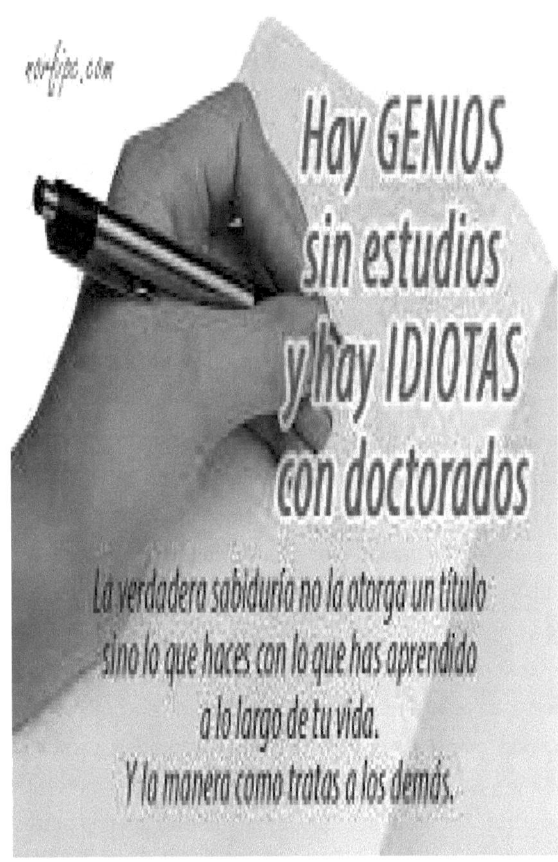
Hay GENIOS
sin estudios
y hay IDIOTAS
con doctorados
La verdadera sabiduría no la otorga un titulo
sino lo que haces con lo que has aprendido
a lo largo de tu vida.
Y la manera como tratas a los demás.

Capítulo cinco.

Hay que luchar, ser constantes, tercos, para que nuestro cerebro humano, y sus atributos, puedan llegar a una: enseñanza- aprendizaje, ideal y así poder alcanzar una educación de alta calidad.

Resumen. Hay que luchar, ser constantes, tercos, para que nuestro cerebro humano, y sus atributos, puedan llegar a una: enseñanza- aprendizaje, ideal y así poder alcanzar una educación de alta calidad. Y así el mismo cerebro humano que en el se anidan los atributos que son: amor, sabiduría, fe, benignidad, perseverancia, inteligencia consejería, poder, conocimiento y reverencia al Eterno, espíritu- conciencia (el conocimiento del bien), servid a los demás, este cerebro humano tiene tolas las herramientas para poder guiar, dirigir, al cerebro mamífero-hormonal y sexual que, en él, se anidan. El desamor, la arrogancia, el ego, egocentrismo, la pereza somática y cerebral, y las enfermedades somáticas y mentales y todo lo que nos hace daño ahí está, y además está la semilla de la iniquidad (el conocimiento del mal está ahí.)

Palabras clave.

Constantes, persistentes, amor, sabiduría, inteligencia, consejería, poder, conocimiento y reverencia al Creador. Cerebro humano, espíritu - conciencia (el conocimiento del bien)

Introducción. Hay que luchar, ser constantes, tercos, para que nuestro cerebro humano, y sus atributos, puedan llegar a una: enseñanza- aprendizaje, ideal y así poder alcanzar una educación de alta calidad. Y así el mismo cerebro humano que en él se anidan los atributos que son: amor, sabiduría, fe, benignidad, perseverancia, inteligencia consejería, poder, conocimiento y reverencia al Eterno, espíritu- conciencia (el conocimiento del bien), servid a los demás, este cerebro humano tiene tolas las herramientas para poder guiar, dirigir, al cerebro mamífero-hormonal y sexual que, en él, se anidan. El desamor, la arrogancia, el ego, egocentrismo, la pereza somática y cerebral, y las enfermedades somáticas y mentales y todo lo que nos hace daño ahí está, y además está la semilla de la iniquidad (el conocimiento del mal está ahí.) Constantes, persistentes, amor, sabiduría, inteligencia, consejería, poder, conocimiento y reverencia al Creador. Cerebro humano, espíritu - conciencia (el conocimiento del bien). Cada estudiante, cada docente, cada ser humano, tenemos todo para seguir adelante, aquí lo más importante es creer, que si lo puedo hacer, y luchar cada segundo de mi existencia, creyéndole al Creador, quién me formo desde antes de fundación del mundo, y en el vientre de mi madre, el me formo y em santifico , y me dio las herramientas necesarias para ser un triunfador, lo que pasa es, que no le creemos, y nos desviamos porque nuestro cerebro mamífero-hormonal y sexual actúa con toda su libertad y es ahí, el gran problema, y el porque fracasamos, porque no le creímos a él, y no usamos nuestras herramientas que están en el cerebro humano porque ahí esta todo, lo que Dios nos dio a cada ser humano de los cuatro vientos. Y hay que salir de la pereza cerebral y somática, Todo se puede, cuando el estudiante y el docente se lo proponen, es decir, existen cambios internos y externos, cuando queremos iniciar un proceso de cambios internos , tanto somático como cerebral, emocional, porque lo menciono: porque cada ser humanos, hemos nacido con todos los atributos internos para querer cambiar, cuando el estudiante se lo propone, solamente hay que saber, que todo cambio exige, tiempo, espacio y lugar, y para iniciar hay que iniciar primeramente con sacudir la pereza cerebral y somática, y estar pensando en verdad en cambiar.

Metodología sistemática. Hay que luchar, ser constantes, tercos, para que nuestro cerebro humano, y sus atributos, puedan llegar a una: enseñanza-aprendizaje, ideal y así poder alcanzar una educación de alta calidad. Y así el mismo cerebro humano que en él se anidan los atributos que son: amor, sabiduría, fe, benignidad, perseverancia, inteligencia consejería, poder, conocimiento y reverencia al Eterno, espíritu- conciencia (el conocimiento del bien), servid a los demás, este cerebro humano tiene tolas las herramientas para poder guiar, dirigir, al cerebro mamífero-hormonal y sexual que, en él, se anidan. El desamor, la arrogancia, el ego, egocentrismo, la pereza somática y cerebral, y las enfermedades somáticas y mentales y todo lo que nos hace daño ahí está, y además está la semilla de la iniquidad (el conocimiento del mal está ahí.) Constantes, persistentes, amor, sabiduría, inteligencia, consejería, poder, conocimiento y reverencia al Creador. Cerebro humano, espíritu - conciencia (el conocimiento del bien). Cada estudiante, cada docente, cada ser humano, tenemos todo para seguir adelante, aquí lo más importante es creer, que si lo puedo hacer, y luchar cada segundo de mi existencia, creyéndole al Creador, quién me formo desde antes de fundación del mundo, y en el vientre de mi madre, el me formo y em santifico , y me dio las herramientas necesarias para ser un triunfador, lo que pasa es, que no le creemos, y nos desviamos porque nuestro cerebro mamífero-hormonal y sexual actúa con toda su libertad y es ahí, el gran problema, y por qué fracasamos, porque no le creímos a él, y no usamos nuestras herramientas que están en el cerebro humano porque ahí está todo, lo que Dios nos dio a cada ser humano de los cuatro vientos. Y hay que salir de la pereza cerebral y somática, Todo se puede, cuando el estudiante y el docente se lo proponen, es decir, existen cambios internos y externos, cuando queremos iniciar un proceso de cambios internos , tanto somático como cerebral, emocional, porque lo menciono: porque cada ser humanos, hemos nacido con todos los atributos internos para querer cambiar, cuando el estudiante se lo propone, solamente hay que saber, que todo cambio exige, tiempo, espacio y lugar, y para iniciar hay que iniciar primeramente con sacudir la pereza cerebral y somática, y estar pensando en verdad en cambiar.

Imagen.

Discusión. Hay que luchar, ser constantes, tercos, para que nuestro cerebro humano, y sus atributos, puedan llegar a una: enseñanza- aprendizaje, ideal y así poder alcanzar una educación de alta calidad. Y así el mismo cerebro humano que en él se anidan los atributos que son: amor, sabiduría, fe, benignidad, perseverancia, inteligencia consejería, poder, conocimiento y reverencia al Eterno, espíritu- conciencia (el conocimiento del bien), servid a los demás, este cerebro humano tiene tolas las herramientas para poder guiar, dirigir, al cerebro mamífero-hormonal y sexual que, en él, se anidan. El desamor, la arrogancia, el ego, egocentrismo, la pereza somática y cerebral, y las enfermedades somáticas y mentales y todo lo que nos hace daño ahí está, y además está la semilla de la iniquidad (el conocimiento del mal está ahí.) Constantes, persistentes, amor, sabiduría, inteligencia, consejería, poder, conocimiento y reverencia al Creador. Cerebro humano, espíritu - conciencia (el conocimiento del bien). Cada estudiante, cada docente, cada ser humano, tenemos todo para seguir adelante, aquí lo más importante es creer, que si lo puedo hacer, y luchar cada segundo de mi existencia, creyéndole al Creador, quién me formo desde antes de fundación del mundo, y en el vientre de mi madre, el me formo y em santifico , y me dio las herramientas necesarias para ser un triunfador, lo que pasa es, que no le creemos, y nos desviamos porque nuestro cerebro mamífero-hormonal y sexual actúa con toda su libertad y es ahí, el gran problema, y por qué fracasamos, porque no le creímos a él, y no usamos nuestras herramientas que están en el cerebro humano porque ahí está todo, lo que Dios nos dio a cada ser humano de los cuatro vientos. Y hay que salir de la pereza cerebral y somática, Todo se puede, cuando el estudiante y el docente se lo proponen, es decir, existen cambios internos y externos, cuando queremos iniciar un proceso de cambios internos , tanto somático como cerebral, emocional, porque lo menciono: porque cada ser humanos, hemos nacido con todos los atributos internos para querer cambiar, cuando el estudiante se lo propone, solamente hay que saber, que todo cambio exige, tiempo, espacio y lugar, y para iniciar hay que iniciar primeramente con sacudir la pereza cerebral y somática, y estar pensando en verdad en cambiar.

Imagen.

CON AMOR
SE ENSEÑA MEJOR

PROPUESTAS PARA DOCENTES DE HOY

Cuadro mental.

Hay que luchar, ser constantes, tercos, para que nuestro cerebro humano, y sus atributos, puedan llegar a una: enseñanza- aprendizaje, ideal y así poder alcanzar una educación de alta calidad. Y así el mismo cerebro humano que en el se anidan los atributos que son: amor, sabiduría, fe, benignidad, perseverancia, inteligencia consejería, poder, conocimiento y reverencia al Eterno, espíritu- conciencia (el conocimiento del bien), servid a los demás, este cerebro humano tiene tolas las herramientas para poder guiar, dirigir, al cerebro mamífero-hormonal y sexual que, en él, se anidan. El desamor, la arrogancia, el ego, egocentrismo, la pereza somática y cerebral, y las enfermedades somáticas y mentales y todo lo que nos hace daño ahí está, y además está la semilla de la iniquidad (el conocimiento del mal está ahí.)

muy bien, ya sabemos que tenemos un gran tesoro en nuestro cerebro humano y que están todas las herramientas que se necesita para un gran cambio, así que ya no hay excusa para ningún estudiante y ningún docente, de que no tienen los atributos para este gran cambo, es decir, utilizar las herramientas necesarias con la ayuda del cerebro humano y del gran Dios, con toda su misericordia , para el cambo, aquí lo que se necesita es de: cada quien haga lo que tiene que hacer, es decir hay: que disciplinarse . levantarse muy temprano, pensar que somos únicos y mejores, que, si se puede, porque debo de decir: que ¡si se puede!, cuando el estudiante y el docente lo quieren hacer. Entonces hoy es el día, del maravilloso cambo interno y externo, vamos pues manso a la obra y hay que iniciar el proceso en su tiempo, espacio y lugar, y vamos a ver como va sucediendo el famoso cambio, primeramente, nuestros pensamientos van a cambiar poco a apoco, como: ¡el gusano cuando le llega el momento precios de que tiene que sufrir una "metamorfosis! y después se convierte una maravillosa mariposa monarca, y a volar, ya volará y será libre de tantos prejuicios, y costumbres.

Recapitulación del capítulo. Hay que luchar, ser constantes, tercos, para que nuestro cerebro humano, y sus atributos, puedan llegar a una: enseñanza-aprendizaje, ideal y así poder alcanzar una educación de alta calidad. Y así el mismo cerebro humano que en él se anidan los atributos que son: amor, sabiduría, fe, benignidad, perseverancia, inteligencia consejería, poder, conocimiento y reverencia al Eterno, espíritu- conciencia (el conocimiento del bien), servid a los demás, este cerebro humano tiene tolas las herramientas para poder guiar, dirigir, al cerebro mamífero-hormonal y sexual que, en él, se anidan. El desamor, la arrogancia, el ego, egocentrismo, la pereza somática y cerebral, y las enfermedades somáticas y mentales y todo lo que nos hace daño ahí está, y además está la semilla de la iniquidad (el conocimiento del mal está ahí.) Constantes, persistentes, amor, sabiduría, inteligencia, consejería, poder, conocimiento y reverencia al Creador. Cerebro humano, espíritu - conciencia (el conocimiento del bien). Cada estudiante, cada docente, cada ser humano, tenemos todo para seguir adelante, aquí lo más importante es creer, que si lo puedo hacer, y luchar cada segundo de mi existencia, creyéndole al Creador, quién me formo desde antes de fundación del mundo, y en el vientre de mi madre, el me formo y em santifico , y me dio las herramientas necesarias para ser un triunfador, lo que pasa es, que no le creemos, y nos desviamos porque nuestro cerebro mamífero-hormonal y sexual actúa con toda su libertad y es ahí, el gran problema, y por qué fracasamos, porque no le creímos a él, y no usamos nuestras herramientas que están en el cerebro humano porque ahí está todo, lo que Dios nos dio a cada ser humano de los cuatro vientos. Y hay que salir de la pereza cerebral y somática, Todo se puede, cuando el estudiante y el docente se lo proponen, es decir, existen cambios internos y externos, cuando queremos iniciar un proceso de cambios internos , tanto somático como cerebral, emocional, porque lo menciono: porque cada ser humanos, hemos nacido con todos los atributos internos para querer cambiar, cuando el estudiante se lo propone, solamente hay que saber, que todo cambio exige, tiempo, espacio y lugar, y para iniciar hay que iniciar primeramente con sacudir la pereza cerebral y somática, y estar pensando en verdad en cambiar.

Imagen.

LA METAMORFOS

Se denomina metamorfosis al conjunto de transformaciones externas e internas que sufre el insecto durante el ciclo comprendido entre el huevo y el estado adulto

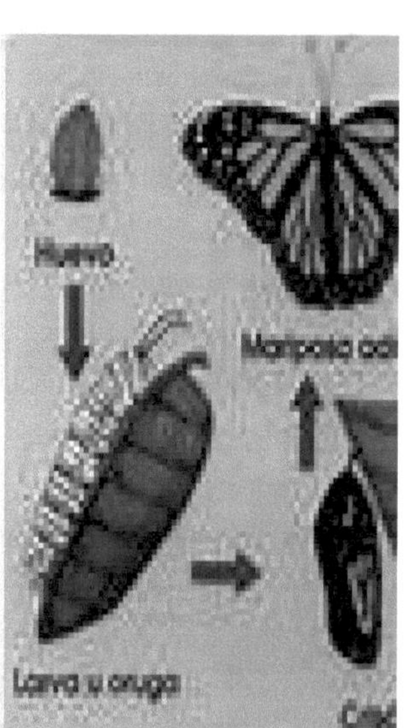

Resumiendo, este hermoso capitulo. Hay que luchar, ser constantes, tercos, para que nuestro cerebro humano, y sus atributos, puedan llegar a una: enseñanza-aprendizaje, ideal y así poder alcanzar una educación de alta calidad. Y así el mismo cerebro humano que en él se anidan los atributos que son: amor, sabiduría, fe, benignidad, perseverancia, inteligencia consejería, poder, conocimiento y reverencia al Eterno, espíritu- conciencia (el conocimiento del bien), servid a los demás, este cerebro humano tiene tolas las herramientas para poder guiar, dirigir, al cerebro mamífero-hormonal y sexual que, en él, se anidan. El desamor, la arrogancia, el ego, egocentrismo, la pereza somática y cerebral, y las enfermedades somáticas y mentales y todo lo que nos hace daño ahí está, y además está la semilla de la iniquidad (el conocimiento del mal está ahí.) Constantes, persistentes, amor, sabiduría, inteligencia, consejería, poder, conocimiento y reverencia al Creador. Cerebro humano, espíritu - conciencia (el conocimiento del bien). Cada estudiante, cada docente, cada ser humano, tenemos todo para seguir adelante, aquí lo más importante es creer, que si lo puedo hacer, y luchar cada segundo de mi existencia, creyéndole al Creador, quién me formo desde antes de fundación del mundo, y en el vientre de mi madre, el me formo y em santifico , y me dio las herramientas necesarias para ser un triunfador, lo que pasa es, que no le creemos, y nos desviamos porque nuestro cerebro mamífero-hormonal y sexual actúa con toda su libertad y es ahí, el gran problema, y por qué fracasamos, porque no le creímos a él, y no usamos nuestras herramientas que están en el cerebro humano porque ahí está todo, lo que Dios nos dio a cada ser humano de los cuatro vientos. Y hay que salir de la pereza cerebral y somática, Todo se puede, cuando el estudiante y el docente se lo proponen, es decir, existen cambios internos y externos, cuando queremos iniciar un proceso de cambios internos , tanto somático como cerebral, emocional, porque lo menciono: porque cada ser humanos, hemos nacido con todos los atributos internos para querer cambiar, cuando el estudiante se lo propone, solamente hay que saber, que todo cambio exige, tiempo, espacio y lugar, y para iniciar hay que iniciar primeramente con sacudir la pereza cerebral y somática, y estar pensando en verdad en cambiar.

Capitulo seis.

Si es estudiante, quiere aprender realmente a leer, entender, comprender, discernir, dialogar, amar, servir a la comunidad, y tener un cambio interno (mental, corporal, hormonal, para el bien de la comunidad) ¡Adelante pues, estudiante y docente!

Resumen. Si es estudiante, quiere aprender realmente a leer, entender, comprender, discernir, dialogar, amar, servir a la comunidad, y tener un cambio interno (mental, corporal, hormonal, para el bien de la comunidad) ¡Adelante pues, estudiante y docente! Muy bien si así es, pues será, hay que ayudar al estudiantado, hay que orientarlo, y apoyarlo siempre en sus momentos críticos, difíciles y no difíciles, para que el estudiantado observe, medite, y vea que no está solo, y así el docente (maestro, maestra) estaremos pendientes de ellos y de el y ella en todo momento, tiempo espacio y lugar. Hoy la tecnología esta avanzando en pasos agigantados, ya casi lo hace todo, y si nos descuidamos , la tecnología nos va hacer mas torpes, mas inútiles, y a veces ya no vamos a meditar, a reflexionar, a analizar y sobre a servid a la comunidad, debemos de tener mucho cuidado, cuando yo impartía clases en la universidad y que dibujada el órgano el que me toca exponer, observe, mire, que de sesenta estudiantes de medicina, unos cuantos muy pocos dibujaban el órgano, los demás lo hacia en "Powers Paint" así de fácil, ya no tenían imaginación, y eso para mi es grave. ¿Usted que dice mi querido lector (a)?

Palabas clave.

Imaginación, amar, exponer, órgano, dibujar, esquematizar, estudiante, docente, comunidad, meditar, discernir, mapas mentales y cognitivos.

Introducción. Si es estudiante, quiere aprender realmente a leer, entender, comprender, discernir, dialogar, amar, servir a la comunidad, y tener un cambio interno (mental, corporal, hormonal, para el bien de la comunidad) ¡Adelante pues, estudiante y docente! Muy bien si así es, pues será, hay que ayudar al estudiantado, hay que orientarlo, y apoyarlo siempre en sus momentos críticos, difíciles y no difíciles, para que el estudiantado observe, medite, y vea que no está solo, y así el docente (maestro, maestra) estaremos pendientes de ellos y de él y ella en todo momento, tiempo espacio y lugar. Hoy la tecnología está avanzando en pasos agigantados, ya casi lo hace todo, y si nos descuidamos , la tecnología nos va hacer más torpes, más inútiles, y a veces ya no vamos a meditar, a reflexionar, a analizar y sobre a servid a la comunidad, debemos de tener mucho cuidado, cuando yo impartía clases en la universidad y que dibujaba el órgano el que me toca exponer, observe, mire, que de sesenta estudiantes de medicina, unos cuantos muy pocos dibujaban el órgano, los demás lo hacía en "Powers Paint" así de fácil, ya no tenían imaginación, y eso para mí , es grave. ¿Usted que dice mi querido lector (a)? Imaginación, amar, exponer, órgano, dibujar, esquematizar, estudiante, docente, comunidad, meditar, discernir, mapas mentales y cognitivos. Creo, que todo el viable, los tiempos están cambiando muy rápido, ya los días son mas cortos, los anos se van como agua, pero, si debeos de tener mucho cuidado, con lo que vemos, observamos, miramos, y hacemos, porque yo he mirado, he percibido que la mayoría del estudiantado, ya memorizan todo lo de un examen parcial y final, todo lo memorizan peor muy poco reflexionan, meditarme, analizan, lo llevan a mapas cognitivos, para que en su tiempo, espacio y lugar lo exponga con sus pacientes, clientes, y hasta con ellos mismos. Muy bien, creo que vamos por un buen camino, mi enseñanza es que el estudiantado, reflexione día y noche, y que llegue a un acuerdo interno y externo para el bien de la comunidad y de él o ella mismo(a).

¡Usted que dice, mi querido lector(a)? ¡De esta reflexión!

Metodología sistemática.

Si es estudiante, quiere aprender realmente a leer, entender, comprender, discernir, dialogar, amar, servir a la comunidad, y tener un cambio interno (mental, corporal, hormonal, para el bien de la comunidad) ¡Adelante pues, estudiante y docente! Muy bien si así es, pues será, hay que ayudar al estudiantado, hay que orientarlo, y apoyarlo siempre en sus momentos críticos, difíciles y no difíciles, para que el estudiantado observe, medite, y vea que no está solo, y así el docente (maestro, maestra) estaremos pendientes de ellos y de él y ella en todo momento, tiempo espacio y lugar. Hoy la tecnología está avanzando en pasos agigantados, ya casi lo hace todo, y si nos descuidamos , la tecnología nos va hacer más torpes, más inútiles, y a veces ya no vamos a meditar, a reflexionar, a analizar y sobre a servid a la comunidad, debemos de tener mucho cuidado, cuando yo impartía clases en la universidad y que dibujaba el órgano el que me toca exponer, observe, mire, que de sesenta estudiantes de medicina, unos cuantos muy pocos dibujaban el órgano, los demás lo hacía en "Powers Paint" así de fácil, ya no tenían imaginación, y eso para mí , es grave. ¿Usted que dice mi querido lector (a)? Imaginación, amar, exponer, órgano, dibujar, esquematizar, estudiante, docente, comunidad, meditar, discernir, mapas mentales y cognitivos. Creo, que todo el viable, los tiempos están cambiando muy rápido, ya los días son más cortos, los anos se van como agua, pero, si debeos de tener mucho cuidado, con lo que vemos, observamos, miramos, y hacemos, porque yo he mirado, he percibido que la mayoría del estudiantado, ya memorizan todo lo de un examen parcial y final, todo lo memorizan peor muy poco reflexionan, meditarme, analizan, lo llevan a mapas cognitivos, para que en su tiempo, espacio y lugar lo exponga con sus pacientes, clientes, y hasta con ellos mismos. Muy bien, creo que vamos por un buen camino, mi enseñanza es que el estudiantado, reflexione día y noche, y que llegue a un acuerdo interno y externo para el bien de la comunidad y de él o ella mismo(a).

¡Usted que dice, mi querido lector(a)? ¡De esta reflexión!

Imagen.

NOVEDAD / Noviembre 2022
Neuroeducación
y diseño universal
para el aprendizaje
Una propuesta práctica
para el aula
Coral Elizondo
Octaedro

Discusión. Si es estudiante, quiere aprender realmente a leer, entender, comprender, discernir, dialogar, amar, servir a la comunidad, y tener un cambio interno (mental, corporal, hormonal, para el bien de la comunidad) ¡Adelante pues, estudiante y docente! Muy bien si así es, pues será, hay que ayudar al estudiantado, hay que orientarlo, y apoyarlo siempre en sus momentos críticos, difíciles y no difíciles, para que el estudiantado observe, medite, y vea que no está solo, y así el docente (maestro, maestra) estaremos pendientes de ellos y de él y ella en todo momento, tiempo espacio y lugar. Hoy la tecnología está avanzando en pasos agigantados, ya casi lo hace todo, y si nos descuidamos , la tecnología nos va hacer más torpes, más inútiles, y a veces ya no vamos a meditar, a reflexionar, a analizar y sobre a servid a la comunidad, debemos de tener mucho cuidado, cuando yo impartía clases en la universidad y que dibujaba el órgano el que me toca exponer, observe, mire, que de sesenta estudiantes de medicina, unos cuantos muy pocos dibujaban el órgano, los demás lo hacía en "Powers Paint" así de fácil, ya no tenían imaginación, y eso para mí , es grave. ¿Usted que dice mi querido lector (a)? Imaginación, amar, exponer, órgano, dibujar, esquematizar, estudiante, docente, comunidad, meditar, discernir, mapas mentales y cognitivos. Creo, que todo el viable, los tiempos están cambiando muy rápido, ya los días son más cortos, los anos se van como agua, pero, si debeos de tener mucho cuidado, con lo que vemos, observamos, miramos, y hacemos, porque yo he mirado, he percibido que la mayoría del estudiantado, ya memorizan todo lo de un examen parcial y final, todo lo memorizan peor muy poco reflexionan, meditarme, analizan, lo llevan a mapas cognitivos, para que en su tiempo, espacio y lugar lo exponga con sus pacientes, clientes, y hasta con ellos mismos. Muy bien, creo que vamos por un buen camino, mi enseñanza es que el estudiantado, reflexione día y noche, y que llegue a un acuerdo interno y externo para el bien de la comunidad y de él o ella mismo(a).

¡Usted que dice, mi querido lector(a)? ¡De esta reflexión!

Cuadro mental.

Si es estudiante, quiere aprender realmente a leer, entender, comprender, discernir, dialogar, amar, servir a la comunidad, y tener un cambio interno (mental, corporal, hormonal, para el bien de la comunidad) ¡Adelante pues, estudiante y docente! Muy bien si así es, pues será, hay que ayudar al estudiantado, hay que orientarlo, y apoyarlo siempre en sus momentos críticos, difíciles y no difíciles, para que el estudiantado observe, medite, y vea que no está solo, y así el docente (maestro, maestra) estaremos pendientes de ellos y de él y ella en todo momento, tiempo espacio y lugar. Hoy la tecnología está avanzando en pasos agigantados, ya casi lo hace todo, y si nos descuidamos , la tecnología nos va hacer más torpes, más inútiles, y a veces ya no vamos a meditar, a reflexionar, a analizar y sobre a servid a la comunidad, debemos de tener mucho cuidado, cuando yo impartía clases en la universidad y que dibujaba el órgano el que me toca exponer, observe, mire, que de sesenta estudiantes de medicina, unos cuantos muy pocos dibujaban el órgano, los demás lo hacía en "Powers Paint" así de fácil, ya no tenían imaginación, y eso para mí , es grave. ¿Usted que dice mi querido lector (a)? Imaginación, amar, exponer, órgano, dibujar, esquematizar, estudiante, docente, comunidad, meditar, discernir, mapas mentales y cognitivos. Creo, que todo el viable, los tiempos están cambiando muy rápido, ya los días son más cortos, los anos se van como agua, pero, si debeos de tener mucho cuidado, con lo que vemos, observamos, miramos, y hacemos, porque yo he mirado, he percibido que la mayoría del estudiantado, ya memorizan todo lo de un examen parcial y final, todo lo memorizan peor muy poco reflexionan, meditarme, analizan, lo llevan a mapas cognitivos, para que en su tiempo, espacio y lugar lo exponga con sus pacientes, clientes, y hasta con ellos mismos. Muy bien, creo que vamos por un buen camino, mi enseñanza es que el estudiantado, reflexione día y noche, y que llegue a un acuerdo interno y externo para el bien de la comunidad.

Imagen.

Recapitulación. Si es estudiante, quiere aprender realmente a leer, entender, comprender, discernir, dialogar, amar, servir a la comunidad, y tener un cambio interno (mental, corporal, hormonal, para el bien de la comunidad) ¡Adelante pues, estudiante y docente! Muy bien si así es, pues será, hay que ayudar al estudiantado, hay que orientarlo, y apoyarlo siempre en sus momentos críticos, difíciles y no difíciles, para que el estudiantado observe, medite, y vea que no está solo, y así el docente (maestro, maestra) estaremos pendientes de ellos y de él y ella en todo momento, tiempo espacio y lugar. Hoy la tecnología está avanzando en pasos agigantados, ya casi lo hace todo, y si nos descuidamos , la tecnología nos va hacer más torpes, más inútiles, y a veces ya no vamos a meditar, a reflexionar, a analizar y sobre a servid a la comunidad, debemos de tener mucho cuidado, cuando yo impartía clases en la universidad y que dibujaba el órgano el que me toca exponer, observe, mire, que de sesenta estudiantes de medicina, unos cuantos muy pocos dibujaban el órgano, los demás lo hacía en "Powers Paint" así de fácil, ya no tenían imaginación, y eso para mí , es grave. ¿Usted que dice mi querido lector (a)? Imaginación, amar, exponer, órgano, dibujar, esquematizar, estudiante, docente, comunidad, meditar, discernir, mapas mentales y cognitivos. Creo, que todo el viable, los tiempos están cambiando muy rápido, ya los días son más cortos, los anos se van como agua, pero, si debeos de tener mucho cuidado, con lo que vemos, observamos, miramos, y hacemos, porque yo he mirado, he percibido que la mayoría del estudiantado, ya memorizan todo lo de un examen parcial y final, todo lo memorizan peor muy poco reflexionan, meditarme, analizan, lo llevan a mapas cognitivos, para que en su tiempo, espacio y lugar lo exponga con sus pacientes, clientes, y hasta con ellos mismos. Muy bien, creo que vamos por un buen camino, mi enseñanza es que el estudiantado, reflexione día y noche, y que llegue a un acuerdo interno y externo para el bien de la comunidad y de él o ella mismo(a).

¡Usted que dice, mi querido lector(a)? ¡De esta reflexión!

Imagen.

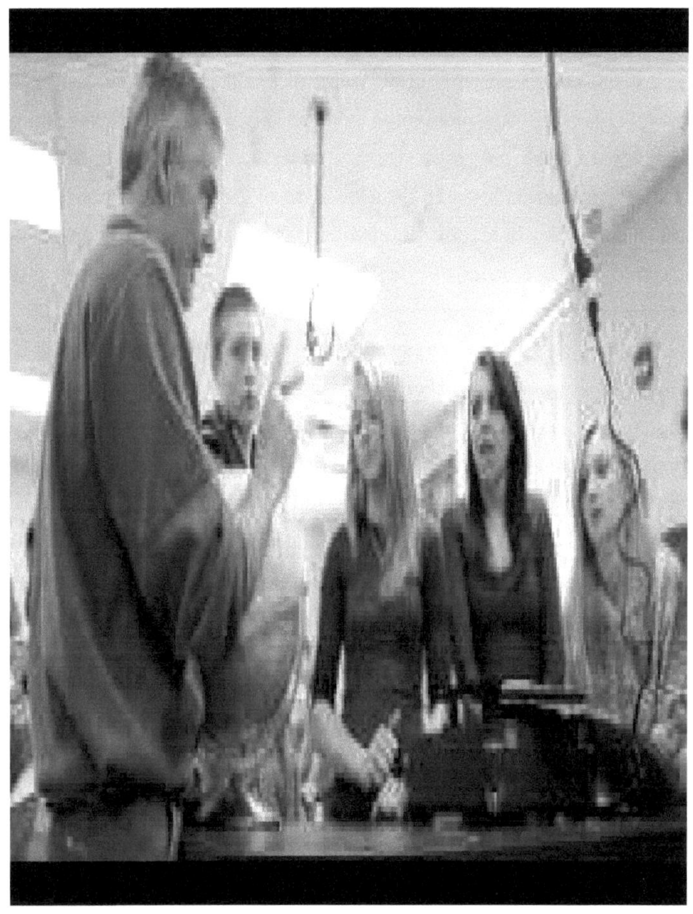

Resumiendo, este hermoso capitulo.

Si es estudiante, quiere aprender realmente a leer, entender, comprender, discernir, dialogar, amar, servir a la comunidad, y tener un cambio interno (mental, corporal, hormonal, para el bien de la comunidad) ¡Adelante pues, estudiante y docente! Muy bien si así es, pues será, hay que ayudar al estudiantado, hay que orientarlo, y apoyarlo siempre en sus momentos críticos, difíciles y no difíciles, para que el estudiantado observe, medite, y vea que no está solo, y así el docente (maestro, maestra) estaremos pendientes de ellos y de él y ella en todo momento, tiempo espacio y lugar. Hoy la tecnología está avanzando en pasos agigantados, ya casi lo hace todo, y si nos descuidamos , la tecnología nos va hacer más torpes, más inútiles, y a veces ya no vamos a meditar, a reflexionar, a analizar y sobre a servid a la comunidad, debemos de tener mucho cuidado, cuando yo impartía clases en la universidad y que dibujaba el órgano el que me toca exponer, observe, mire, que de sesenta estudiantes de medicina, unos cuantos muy pocos dibujaban el órgano, los demás lo hacía en "Powers Paint" así de fácil, ya no tenían imaginación, y eso para mí , es grave. ¿Usted que dice mi querido lector (a)? Imaginación, amar, exponer, órgano, dibujar, esquematizar, estudiante, docente, comunidad, meditar, discernir, mapas mentales y cognitivos. Creo, que todo el viable, los tiempos están cambiando muy rápido, ya los días son más cortos, los anos se van como agua, pero, si debeos de tener mucho cuidado, con lo que vemos, observamos, miramos, y hacemos, porque yo he mirado, he percibido que la mayoría del estudiantado, ya memorizan todo lo de un examen parcial y final, todo lo memorizan peor muy poco reflexionan, meditarme, analizan, lo llevan a mapas cognitivos, para que en su tiempo, espacio y lugar lo exponga con sus pacientes, clientes, y hasta con ellos mismos. Muy bien, creo que vamos por un buen camino, mi enseñanza es que el estudiantado, reflexione día y noche, y que llegue a un acuerdo interno y externo para el bien de la comunidad y de él o ella mismo(a).

¡Usted que dice, mi querido lector(a)? ¡De esta reflexión!

Capitulo siete.

Vamos a unificar: la lectura, enseñanza- aprendizaje, con el amor, sabiduría, inteligencia, consejería, poder, el conocimiento y la reverencia al Eterno.

Resumen. Vamos a unificar: la lectura, enseñanza- aprendizaje, con el amor, sabiduría, inteligencia, consejería, poder, el conocimiento y la reverencia al Eterno y además con la: fe, misericordia, sabiduría, inteligencia, consejería, poder, conocimiento, enlaces, desenlaces y reenlaces, para una relación unificada, y así poder llegar a la Cima de la educación de alta calidad. Para ello, hay que iniciar el proceso hoy, y claro hay que estar bien preparados para reactivar los atributos que tenemos todos y cada uno de nosotros en nuestro cerebro humano, donde radica (el con ciento del bien).

Palabras clave.

Amor, fe, misericordia, sabiduría, inteligencia, consejería, poder, conocimiento, enlaces, desenlaces y reenlaces, para una relación unificada, y así poder llegar a la Cima de la educación de alta calidad.

Introducción.

Vamos a unificar: la lectura, enseñanza- aprendizaje, con el amor, sabiduría, inteligencia, consejería, poder, el conocimiento y la reverencia al Eterno y además con la: fe, misericordia, sabiduría, inteligencia, consejería, poder, conocimiento, enlaces, desenlaces y reenlaces, para una relación unificada, y así poder llegar a la Cima de la educación de alta calidad. Para ello, hay que iniciar el proceso hoy, y claro hay que estar bien preparados para reactivar los atributos que tenemos todos y cada uno de nosotros en nuestro cerebro humano, donde radica (el con ciento del bien). Amor, fe, misericordia, sabiduría, inteligencia, consejería, poder, conocimiento, enlaces, desenlaces y reenlaces, para una relación unificada, y así poder llegar a la Cima de la educación de alta calidad. Ahora bien, ya estamos conscientes, de que, para seguir adelante, con la enseñanza y aprendizaje, tanto el estudiantado como el docente, debemos de tomar muy en serio, los conceptos, frutos, que están plasmados os en estas líneas, para poder descontinuar en el espacio, tiempo y lugar. Dia tras día, noche tras noche, para poder ser renovados, como el gusano con su metamorfosis, y así ser nuestro interior renovados y renacer de nuevo, para poder ser útiles ante la sociedad, y para consigo mismo. Ya no hay excusa, para poder iniciar el proceso de la enseñanza, aprendizaje y así poder, discernir, memorizar, entender, comprender, y poder iniciar el proceso de la lectura, y reactivar todos los conceptos, atributos que están en el cerebro humano con todos sus frutos y además el espíritu -conciencia, amor, fe, misericordia, sabiduría, inteligencia, consejería y poder, y claro el conocimiento. Creo que este el día, tan esperado de iniciar este proceso, y para ello necesitamos. Ser obedientes, dejar atrás la pereza mental y somática, y tener muy claro, que necesitamos, ser puntuales día tras día, noche tras noche, para poder hacer, lo que tenemos que hacer, y debemos de respetar los tiempos, porque hay tiempo: de nacer, de ser adolescente, de ser jóvenes, de ser adultos, y de ser adultos mayores y después vendrá el adiós.

Metodología sistemática.

Vamos a unificar: la lectura, enseñanza- aprendizaje, con el amor, sabiduría, inteligencia, consejería, poder, el conocimiento y la reverencia al Eterno y además con la: fe, misericordia, sabiduría, inteligencia, consejería, poder, conocimiento, enlaces, desenlaces y reenlaces, para una relación unificada, y así poder llegar a la Cima de la educación de alta calidad. Para ello, hay que iniciar el proceso hoy, y claro hay que estar bien preparados para reactivar los atributos que tenemos todos y cada uno de nosotros en nuestro cerebro humano, donde radica (el con ciento del bien). Amor, fe, misericordia, sabiduría, inteligencia, consejería, poder, conocimiento, enlaces, desenlaces y reenlaces, para una relación unificada, y así poder llegar a la Cima de la educación de alta calidad. Ahora bien, ya estamos conscientes, de que, para seguir adelante, con la enseñanza y aprendizaje, tanto el estudiantado como el docente, debemos de tomar muy en serio, los conceptos, frutos, que están plasmados os en estas líneas, para poder descontinuar en el espacio, tiempo y lugar. Dia tras día, noche tras noche, para poder ser renovados, como el gusano con su metamorfosis, y así ser nuestro interior renovados y renacer de nuevo, para poder ser útiles ante la sociedad, y para consigo mismo. Ya no hay excusa, para poder iniciar el proceso de la enseñanza, aprendizaje y así poder, discernir, memorizar, entender, comprender, y poder iniciar el proceso de la lectura, y reactivar todos los conceptos, atributos que están en el cerebro humano con todos sus frutos y además el espíritu -conciencia, amor, fe, misericordia, sabiduría, inteligencia, consejería y poder, y claro el conocimiento. Creo que este el día, tan esperado de iniciar este proceso, y para ello necesitamos. Ser obedientes, dejar atrás la pereza mental y somática, y tener muy claro, que necesitamos, ser puntuales día tras día, noche tras noche, para poder hacer, lo que tenemos que hacer, y debemos de respetar los tiempos, porque hay tiempo: de nacer, de ser adolescente, de ser jóvenes, de ser adultos, y de ser adultos mayores y después vendrá el adiós.

Imagen.

Discusión.

Vamos a unificar: la lectura, enseñanza- aprendizaje, con el amor, sabiduría, inteligencia, consejería, poder, el conocimiento y la reverencia al Eterno y además con la: fe, misericordia, sabiduría, inteligencia, consejería, poder, conocimiento, enlaces, desenlaces y reenlaces, para una relación unificada, y así poder llegar a la Cima de la educación de alta calidad. Para ello, hay que iniciar el proceso hoy, y claro hay que estar bien preparados para reactivar los atributos que tenemos todos y cada uno de nosotros en nuestro cerebro humano, donde radica (el con ciento del bien). Amor, fe, misericordia, sabiduría, inteligencia, consejería, poder, conocimiento, enlaces, desenlaces y reenlaces, para una relación unificada, y así poder llegar a la Cima de la educación de alta calidad. Ahora bien, ya estamos conscientes, de que, para seguir adelante, con la enseñanza y aprendizaje, tanto el estudiantado como el docente, debemos de tomar muy en serio, los conceptos, frutos, que están plasmados os en estas líneas, para poder descontinuar en el espacio, tiempo y lugar. Dia tras día, noche tras noche, para poder ser renovados, como el gusano con su metamorfosis, y así ser nuestro interior renovados y renacer de nuevo, para poder ser útiles ante la sociedad, y para consigo mismo. Ya no hay excusa, para poder iniciar el proceso de la enseñanza, aprendizaje y así poder, discernir, memorizar, entender, comprender, y poder iniciar el proceso de la lectura, y reactivar todos los conceptos, atributos que están en el cerebro humano con todos sus frutos y además el espíritu -conciencia, amor, fe, misericordia, sabiduría, inteligencia, consejería y poder, y claro el conocimiento. Creo que este el día, tan esperado de iniciar este proceso, y para ello necesitamos. Ser obedientes, dejar atrás la pereza mental y somática, y tener muy claro, que necesitamos, ser puntuales día tras día, noche tras noche, para poder hacer, lo que tenemos que hacer, y debemos de respetar los tiempos, porque hay tiempo: de nacer, de ser adolescente, de ser jóvenes, de ser adultos, y de ser adultos mayores y después vendrá el adiós.

Cuadro mental.

Vamos a unificar: la lectura, enseñanza- aprendizaje, con el amor, sabiduría, inteligencia, consejería, poder, el conocimiento y la reverencia al Eterno y además con la: fe, misericordia, sabiduría, inteligencia, consejería, poder, conocimiento, enlaces, desenlaces y reenlaces, para una relación unificada, y así poder llegar a la Cima de la educación de alta calidad. Para ello, hay que iniciar el proceso hoy, y claro hay que estar bien preparados para reactivar los atributos que tenemos todos y cada uno de nosotros en nuestro cerebro humano, donde radica (el con ciento del bien). Amor, fe, misericordia, sabiduría, inteligencia, consejería, poder, conocimiento, enlaces, desenlaces y reenlaces, para una relación unificada, y así poder llegar a la Cima de la educación de alta calidad. Ahora bien, ya estamos conscientes, de que, para seguir adelante, con la enseñanza y aprendizaje, tanto el estudiantado como el docente, debemos de tomar muy en serio, los conceptos, frutos, que están plasmados os en estas líneas, para poder descontinuar en el espacio, tiempo y lugar. Dia tras día, noche tras noche, para poder ser renovados, como el gusano con su metamorfosis, y así ser nuestro interior renovados y renacer de nuevo, para poder ser útiles ante la sociedad, y para consigo mismo. Ya no hay excusa, para poder iniciar el proceso de la enseñanza, aprendizaje y así poder, discernir, memorizar, entender, comprender, y poder iniciar el proceso de la lectura, y reactivar todos los conceptos, atributos que están en el cerebro humano con todos sus frutos y además el espíritu -conciencia, amor, fe, misericordia, sabiduría, inteligencia, consejería y poder, y claro el conocimiento. Creo que este el día, tan esperado de iniciar este proceso, y para ello necesitamos. Ser obedientes, dejar atrás la pereza mental y somática, y tener muy claro, que necesitamos, ser puntuales día tras día, noche tras noche, para poder hacer, lo que tenemos que hacer, y debemos de respetar los tiempos, porque hay tiempo: de nacer, de ser adolescente, de ser jóvenes, de ser adultos.

Imagen.

Informe de Seguimiento
de la EPT en el Mundo
2 0 1
ENSEÑANZA
Y APRENDIZAJE:
Lograr la calidad
para todos
Educación para Todos

Recapitulación.

Vamos a unificar: la lectura, enseñanza- aprendizaje, con el amor, sabiduría, inteligencia, consejería, poder, el conocimiento y la reverencia al Eterno y además con la: fe, misericordia, sabiduría, inteligencia, consejería, poder, conocimiento, enlaces, desenlaces y reenlaces, para una relación unificada, y así poder llegar a la Cima de la educación de alta calidad. Para ello, hay que iniciar el proceso hoy, y claro hay que estar bien preparados para reactivar los atributos que tenemos todos y cada uno de nosotros en nuestro cerebro humano, donde radica (el con ciento del bien). Amor, fe, misericordia, sabiduría, inteligencia, consejería, poder, conocimiento, enlaces, desenlaces y reenlaces, para una relación unificada, y así poder llegar a la Cima de la educación de alta calidad. Ahora bien, ya estamos conscientes, de que, para seguir adelante, con la enseñanza y aprendizaje, tanto el estudiantado como el docente, debemos de tomar muy en serio, los conceptos, frutos, que están plasmados os en estas líneas, para poder descontinuar en el espacio, tiempo y lugar. Dia tras día, noche tras noche, para poder ser renovados, como el gusano con su metamorfosis, y así ser nuestro interior renovados y renacer de nuevo, para poder ser útiles ante la sociedad, y para consigo mismo. Ya no hay excusa, para poder iniciar el proceso de la enseñanza, aprendizaje y así poder, discernir, memorizar, entender, comprender, y poder iniciar el proceso de la lectura, y reactivar todos los conceptos, atributos que están en el cerebro humano con todos sus frutos y además el espíritu -conciencia, amor, fe, misericordia, sabiduría, inteligencia, consejería y poder, y claro el conocimiento. Creo que este el día, tan esperado de iniciar este proceso, y para ello necesitamos. Ser obedientes, dejar atrás la pereza mental y somática, y tener muy claro, que necesitamos, ser puntuales día tras día, noche tras noche, para poder hacer, lo que tenemos que hacer, y debemos de respetar los tiempos, porque hay tiempo: de nacer, de ser adolescente, de ser jóvenes, de ser adultos, y de ser adultos mayores y después vendrá el adiós.

Imagen.

SIETE PASOS PARA LLEGAR
A UNA ENSEÑANZA-APRENDIZAJE
ARMANDO BARRAZA CUÉLLAR

Resumiendo, este hermoso capitulo.

Vamos a unificar: la lectura, enseñanza- aprendizaje, con el amor, sabiduría, inteligencia, consejería, poder, el conocimiento y la reverencia al Eterno y además con la: fe, misericordia, sabiduría, inteligencia, consejería, poder, conocimiento, enlaces, desenlaces y reenlaces, para una relación unificada, y así poder llegar a la Cima de la educación de alta calidad. Para ello, hay que iniciar el proceso hoy, y claro hay que estar bien preparados para reactivar los atributos que tenemos todos y cada uno de nosotros en nuestro cerebro humano, donde radica (el con ciento del bien). Amor, fe, misericordia, sabiduría, inteligencia, consejería, poder, conocimiento, enlaces, desenlaces y reenlaces, para una relación unificada, y así poder llegar a la Cima de la educación de alta calidad. Ahora bien, ya estamos conscientes, de que, para seguir adelante, con la enseñanza y aprendizaje, tanto el estudiantado como el docente, debemos de tomar muy en serio, los conceptos, frutos, que están plasmados os en estas líneas, para poder descontinuar en el espacio, tiempo y lugar. Dia tras día, noche tras noche, para poder ser renovados, como el gusano con su metamorfosis, y así ser nuestro interior renovados y renacer de nuevo, para poder ser útiles ante la sociedad, y para consigo mismo. Ya no hay excusa, para poder iniciar el proceso de la enseñanza, aprendizaje y así poder, discernir, memorizar, entender, comprender, y poder iniciar el proceso de la lectura, y reactivar todos los conceptos, atributos que están en el cerebro humano con todos sus frutos y además el espíritu -conciencia, amor, fe, misericordia, sabiduría, inteligencia, consejería y poder, y claro el conocimiento. Creo que este el día, tan esperado de iniciar este proceso, y para ello necesitamos. Ser obedientes, dejar atrás la pereza mental y somática, y tener muy claro, que necesitamos, ser puntuales día tras día, noche tras noche, para poder hacer, lo que tenemos que hacer, y debemos de respetar los tiempos, porque hay tiempo: de nacer, de ser adolescente, de ser jóvenes, de ser adultos, y de ser adultos mayores y después vendrá el adiós.

Capitulo ocho.

Resumiendo, los siete capítulos anteriores.

Resumen.

Vamos a unificar: la lectura, enseñanza- aprendizaje, con el amor, sabiduría, inteligencia, consejería, poder, el conocimiento y la reverencia al Eterno y además con la: fe, misericordia, sabiduría, inteligencia, consejería, poder, conocimiento, enlaces, desenlaces y reenlaces, para una relación unificada, y así poder llegar a la Cima de la educación de alta calidad. Para ello, hay que iniciar el proceso hoy, y claro hay que estar bien preparados para reactivar los atributos que tenemos todos y cada uno de nosotros en nuestro cerebro humano, donde radica (el con ciento del bien). Amor, fe, misericordia, sabiduría, inteligencia, consejería, poder, conocimiento, enlaces, desenlaces y reenlaces, para una relación unificada, y así poder llegar a la Cima de la educación de alta calidad.

Palabras clave.)

Amor, fe, misericordia, sabiduría, inteligencia, consejería, poder, conocimiento, enlaces, desenlaces y reenlaces, para una relación unificada, y así poder llegar a la Cima de la educación de alta calidad.

Introducción. Si es estudiante, quiere aprender realmente a leer, entender, comprender, discernir, dialogar, amar, servir a la comunidad, y tener un cambio interno (mental, corporal, hormonal, para el bien de la comunidad) ¡Adelante pues, estudiante y docente! Muy bien si así es, pues será, hay que ayudar al estudiantado, hay que orientarlo, y apoyarlo siempre en sus momentos críticos, difíciles y no difíciles, para que el estudiantado observe, medite, y vea que no está solo, y así el docente (maestro, maestra) estaremos pendientes de ellos y de él y ella en todo momento, tiempo espacio y lugar. Hoy la tecnología está avanzando en pasos agigantados, ya casi lo hace todo, y si nos descuidamos , la tecnología nos va hacer más torpes, más inútiles, y a veces ya no vamos a meditar, a reflexionar, a analizar y sobre a servid a la comunidad, debemos de tener mucho cuidado, cuando yo impartía clases en la universidad y que dibujaba el órgano el que me toca exponer, observe, mire, que de sesenta estudiantes de medicina, unos cuantos muy pocos dibujaban el órgano, los demás lo hacía en "Powers Paint" así de fácil, ya no tenían imaginación, y eso para mí , es grave. ¿Usted que dice mi querido lector (a)? Imaginación, amar, exponer, órgano, dibujar, esquematizar, estudiante, docente, comunidad, meditar, discernir, mapas mentales y cognitivos. Creo, que todo el viable, los tiempos están cambiando muy rápido, ya los días son mas cortos, los anos se van como agua, pero, si debeos de tener mucho cuidado, con lo que vemos, observamos, miramos, y hacemos, porque yo he mirado, he percibido que la mayoría del estudiantado, ya memorizan todo lo de un examen parcial y final, todo lo memorizan peor muy poco reflexionan, meditarme, analizan, lo llevan a mapas cognitivos, para que en su tiempo, espacio y lugar lo exponga con sus pacientes, clientes, y hasta con ellos mismos. Muy bien, creo que vamos por un buen camino, mi enseñanza es que el estudiantado, reflexione día y noche, y que llegue a un acuerdo interno y externo para el bien de la comunidad y de él o ella mismo(a).

¡Usted que dice, mi querido lector(a)? ¡De esta reflexión!

Metodología sistemática. Si es estudiante, quiere aprender realmente a leer, entender, comprender, discernir, dialogar, amar, servir a la comunidad, y tener un cambio interno (mental, corporal, hormonal, para el bien de la comunidad) ¡Adelante pues, estudiante y docente! Muy bien si así es, pues será, hay que ayudar al estudiantado, hay que orientarlo, y apoyarlo siempre en sus momentos críticos, difíciles y no difíciles, para que el estudiantado observe, medite, y vea que no está solo, y así el docente (maestro, maestra) estaremos pendientes de ellos y de él y ella en todo momento, tiempo espacio y lugar. Hoy la tecnología está avanzando en pasos agigantados, ya casi lo hace todo, y si nos descuidamos , la tecnología nos va hacer más torpes, más inútiles, y a veces ya no vamos a meditar, a reflexionar, a analizar y sobre a servid a la comunidad, debemos de tener mucho cuidado, cuando yo impartía clases en la universidad y que dibujaba el órgano el que me toca exponer, observe, mire, que de sesenta estudiantes de medicina, unos cuantos muy pocos dibujaban el órgano, los demás lo hacía en "Powers Paint" así de fácil, ya no tenían imaginación, y eso para mí , es grave. ¿Usted que dice mi querido lector (a)? Imaginación, amar, exponer, órgano, dibujar, esquematizar, estudiante, docente, comunidad, meditar, discernir, mapas mentales y cognitivos. Creo, que todo el viable, los tiempos están cambiando muy rápido, ya los días son más cortos, los anos se van como agua, pero, si debeos de tener mucho cuidado, con lo que vemos, observamos, miramos, y hacemos, porque yo he mirado, he percibido que la mayoría del estudiantado, ya memorizan todo lo de un examen parcial y final, todo lo memorizan peor muy poco reflexionan, meditarme, analizan, lo llevan a mapas cognitivos, para que en su tiempo, espacio y lugar lo exponga con sus pacientes, clientes, y hasta con ellos mismos. Muy bien, creo que vamos por un buen camino, mi enseñanza es que el estudiantado, reflexione día y noche, y que llegue a un acuerdo interno y externo para el bien de la comunidad y de él o ella mismo(a).

¡Usted que dice, mi querido lector(a)? ¡De esta reflexión!

Discusión.

¿Qué necesitamos para que nuestro cerebro humano se enlace con el cerebro mamifero-hormonal y sexual y asi poder llegar hasta la Cima? Primeramente hay que parar en nuestro diario vivir y caminar, y reflexionar, y meditando podemos decir. Debo de iniciar de nuevo, y que mi cerebro humano donde en el habita los atributos viables para poder dirijir al cerebro mamifero- homronal y sexual y asi entre dos podran caminar en nuestro diario vivir, y que el cerebro humano con sus frutods que son: amor, sabdiura, e inteligencia , consejeria, poder, y concocimiento, y sobre todo tener respeto y reverencia al Creador, el Eterno, para poder saber, entender y dirijir con sabiduria al cerebro mamifero ya que en el se anidan: la semilla de la iniquidada (de la ciencia del mal) y tambien ahí estan: la sobebrbia, el ego, el egoc netrismo, la vanidad, la arrogancia, el desamor,y las desviaciones sexuales, y tood lo que nos hace tanto dano en nuestro interior y exteiror. Pero el cerebro humano, con su verdadero amor, y misericordia y toos lo demas, puede dirigir, orientar, meditar , y parar unos minutos y reflexonar, y nos preguntamos . ¿Qu esto haciendo con mi vida?, debo de aprender a decir un: No cuanod todo marcha mal, y cambiar de direcion, y todo para el bien. Aunque este sufirendo momentos de pobleza, de soledad, yo se, que en mi lado esta hoy y siempre el Creador, el todo Poderoso. Esta comnigo hoy siempre. Enlaces, amor, sabiduría, inteligencia, consejería, poder, conocimiento, docente, estudiantado, los cuatro vientos, las diferentes instituciones escolares, tanto: preescolar, escolar, secundaria, preparatoria, universidad, maestrías doctorado y post doctorados. Vamos por un camino correcto hasta hoy, y si, seguimos así, llegaremos a la Cima, con una educación de alta calidad. Creo sinceramente que vamos por un camino correcto, y si así seguimos así, más adelante, pues nuestro cerebro humano, tendrá el control, de seguir bien, y dirigiendo al cerebro mamífero -hormonal y sexual a que no se desvía.

Imagen.

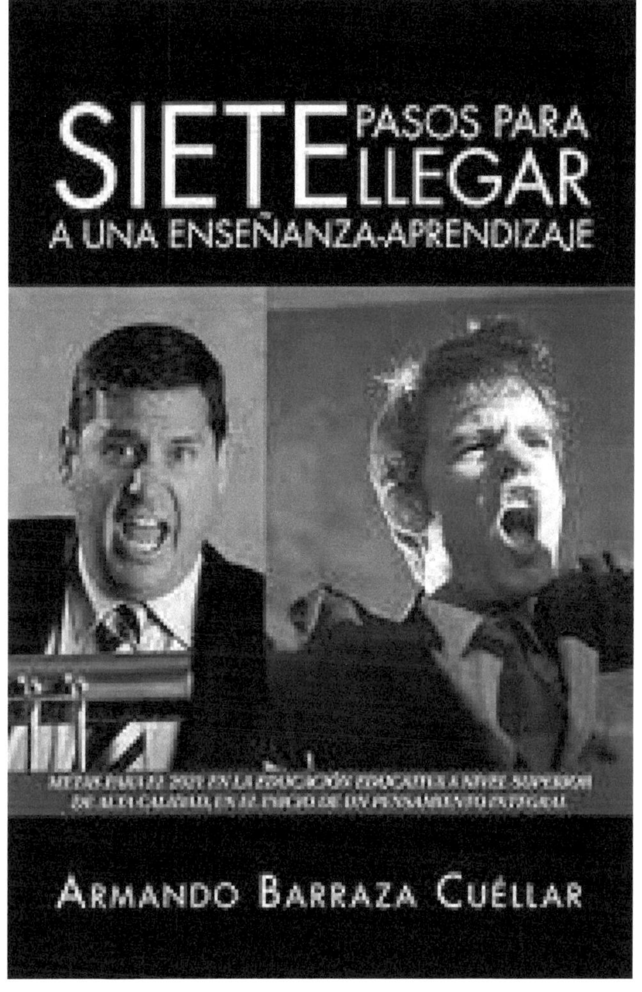
SIETE PASOS PARA LLEGAR
A UNA ENSEÑANZA-APRENDIZAJE
ARMANDO BARRAZA CUÉLLAR

Recapitulación.

¿Qué necesitamos para que nuestro cerebro humano se enlace con el cerebro mamifero-hormonal y sexual y asi poder llegar hasta la Cima? Primeramente hay que parar en nuestro diario vivir y caminar, y reflexionar, y meditando podemos decir. Debo de iniciar de nuevo, y que mi cerebro humano donde en el habita los atributos viables para poder dirijir al cerebro mamifero- homronal y sexual y asi entre dos podran caminar en nuestro diario vivir, y que el cerebro humano con sus frutods que son: amor, sabdiura, e inteligencia , consejeria, poder, y concocimiento, y sobre todo tener respeto y reverencia al Creador, el Eterno, para poder saber, entender y dirijir con sabiduria al cerebro mamifero ya que en el se anidan: la semilla de la iniquidada (de la ciencia del mal) y tambien ahí estan: la sobebrbia, el ego, el egoc netrismo, la vanidad, la arrogancia, el desamor,y las desviaciones sexuales, y tood lo que nos hace tanto dano en nuestro interior y exteiror. Pero el cerebro humano, con su verdadero amor, y misericordia y toos lo demas, puede dirigir, orientar, meditar , y parar unos minutos y reflexonar, y nos preguntamos . ¿Qu esto haciendo con mi vida?, debo de aprender a decir un: No cuanod todo marcha mal, y cambiar de direcion, y todo para el bien. Aunque este sufirendo momentos de pobleza, de soledad, yo se, que en mi lado esta hoy y siempre el Creador, el todo Poderoso. Esta comnigo hoy siempre. Enlaces, amor, sabiduría, inteligencia, consejería, poder, conocimiento, docente, estudiantado, los cuatro vientos, las diferentes instituciones escolares, tanto: preescolar, escolar, secundaria, preparatoria, universidad, maestrías doctorado y post doctorados. Vamos por un camino correcto hasta hoy, y si, seguimos así, llegaremos a la Cima, con una educación de alta calidad. Creo sinceramente que vamos por un camino correcto, y si así seguimos así, más adelante, pues nuestro cerebro humano, tendrá el control, de seguir bien, y dirigiendo al cerebro mamífero -hormonal y sexual a que no se desvía. Hay que tener mucho amor y constancia todo estudiante y todo docente de los cuatro vientos, para poder llegar a una enseñanza- aprendizaje de alta calidad y ser útiles ante la sociedad, y consigo mismo, y sobre con nuestros padres, en la familia

Cuadro mental.

Vamos a unificar: la lectura, enseñanza- aprendizaje, con el amor, sabiduría, inteligencia, consejería, poder, el conocimiento y la reverencia al Eterno y además con la: fe, misericordia, sabiduría, inteligencia, consejería, poder, conocimiento, enlaces, desenlaces y reenlaces, para una relación unificada, y así poder llegar a la Cima de la educación de alta calidad. Para ello, hay que iniciar el proceso hoy, y claro hay que estar bien preparados para reactivar los atributos que tenemos todos y cada uno de nosotros en nuestro cerebro humano, donde radica (el con ciento del bien). Amor, fe, misericordia, sabiduría, inteligencia, consejería, poder, conocimiento, enlaces, desenlaces y reenlaces, para una relación unificada, y así poder llegar a la Cima de la educación de alta calidad. Ahora bien, ya estamos conscientes, de que, para seguir adelante, con la enseñanza y aprendizaje, tanto el estudiantado como el docente, debemos de tomar muy en serio, los conceptos, frutos, que están plasmados os en estas líneas, para poder descontinuar en el espacio, tiempo y lugar. Dia tras día, noche tras noche, para poder ser renovados, como el gusano con su metamorfosis, y así ser nuestro interior renovados y renacer de nuevo, para poder ser útiles ante la sociedad, y para consigo mismo. Ya no hay excusa, para poder iniciar el proceso de la enseñanza, aprendizaje y así poder, discernir, memorizar, entender, comprender, y poder iniciar el proceso de la lectura, y reactivar todos los conceptos, atributos que están en el cerebro humano con todos sus frutos y además el espíritu -conciencia, amor, fe, misericordia, sabiduría, inteligencia, consejería y poder, y claro el conocimiento. Creo que este el día, tan esperado de iniciar este proceso, y para ello necesitamos. Ser obedientes, dejar atrás la pereza mental y somática, y tener muy claro, que necesitamos, ser puntuales día tras día, noche tras noche, para poder hacer, lo que tenemos que hacer, y debemos de respetar los tiempos, porque hay tiempo: de nacer, de ser adolescente, de ser jóvenes, de ser adulto.

Imagen.

Informe de Seguimiento
de la EPT en el Mundo
2 0 1
ENSEÑANZA
Y APRENDIZAJE:
Lograr la calidad
para todos
Educación para Todos

Resumiendo.

¿Qué necesitamos para que nuestro cerebro humano se enlace con el cerebro mamifero-hormonal y sexual y asi poder llegar hasta la Cima? Primeramente hay que parar en nuestro diario vivir y caminar, y reflexionar, y meditando podemos decir. Debo de iniciar de nuevo, y que mi cerebro humano donde en el habita los atributos viables para poder dirijir al cerebro mamifero- homronal y sexual y asi entre dos podran caminar en nuestro diario vivir, y que el cerebro humano con sus frutods que son: amor, sabdiura, e inteligencia , consejeria, poder, y concocimiento, y sobre todo tener respeto y reverencia al Creador, el Eterno, para poder saber, entender y dirijir con sabiduria al cerebro mamifero ya que en el se anidan: la semilla de la iniquidada (de la ciencia del mal) y tambien ahí estan: la sobebrbia, el ego, el egoc netrismo, la vanidad, la arrogancia, el desamor,y las desviaciones sexuales, y tood lo que nos hace tanto dano en nuestro interior y exteiror. Pero el cerebro humano, con su verdadero amor, y misericordia y toos lo demas, puede dirigir, orientar, meditar , y parar unos minutos y reflexonar, y nos preguntamos . ¿Qu esto haciendo con mi vida?, debo de aprender a decir un: No cuanod todo marcha mal, y cambiar de direcion, y todo para el bien. Aunque este sufirendo momentos de pobleza, de soledad, yo se, que en mi lado esta hoy y siempre el Creador, el todo Poderoso. Esta comnigo hoy siempre. Enlaces, amor, sabiduría, inteligencia, consejería, poder, conocimiento, docente, estudiantado, los cuatro vientos, las diferentes instituciones escolares, tanto: preescolar, escolar, secundaria, preparatoria, universidad, maestrías doctorado y post doctorados. Vamos por un camino correcto hasta hoy, y si, seguimos así, llegaremos a la Cima, con una educación de alta calidad. Creo sinceramente que vamos por un camino correcto, y si así seguimos así, más adelante, pues nuestro cerebro humano, tendrá el control, de seguir bien, y dirigiendo al cerebro mamífero -hormonal y sexual a que no se desvía. Hay que tener mucho amor y constancia todo estudiante y todo docente de los cuatro vientos, para poder llegar a una enseñanza- aprendizaje de alta calidad y ser útiles ante la sociedad, y consigo mismo, y sobre con nuestros padres, en la familia.

Imagen.

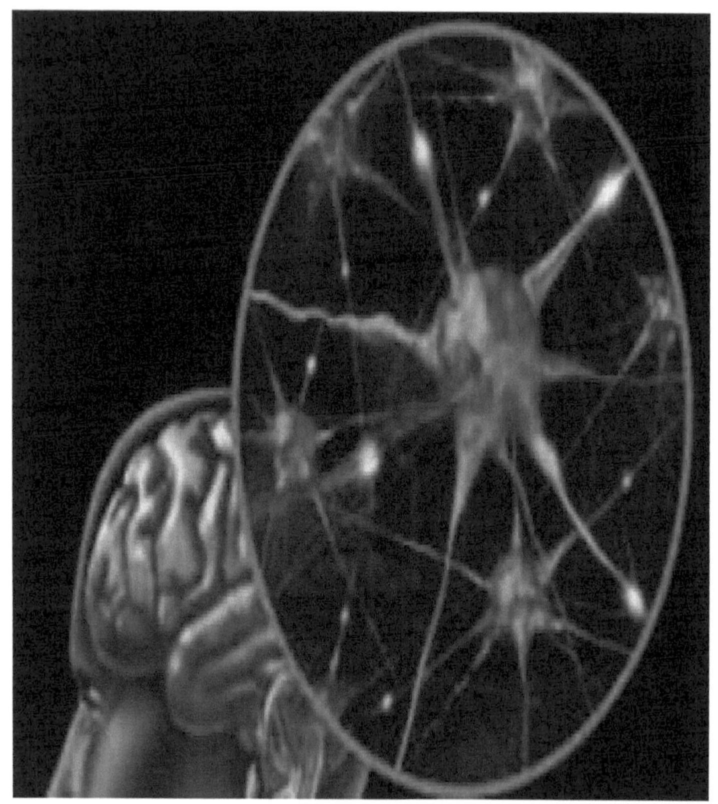

Bibliografía.

(Las Sagradas Escrituras- Biblia).

1.- Barraza Cuéllar Armando. (2011). Siete Pasos para llegar a una Enseñanza-Aprendizaje. (Metas para el 2021 en la educación educativa a nivel superior de alta calidad, en el inicio de un pensamiento integral). U.S.A. Editorial Palibrio.

2.- Barraza Cuéllar Armando. (2012) ¡Como que eres maestro! España. Editorial Académica Española.

3.- Barraza Cuéllar Armando. (2012). Vamos pues a integrar: cuerpo, mente y consciencia. España. Editorial Académica Española. ISBN.

4.- Barraza Cuellar Armando. (2012) ¿Cómo le puedo hacer? Yo, para reactivar a mí: Cuerpo, a mi mente y a la inteligencia e integrarlos para sus diferentes funciones. España. Editorial Académica Española. ISBN.

5.- Barraza Cuéllar Armando. (2012). Siete pasos para llegar a la consciencia. España. Editorial Académica Española. ISBN.

6.-Barraza Cuéllar Armando. (2012). Los siete procesos de una integridad que es la enseñanza-aprendizaje. España. Editorial Académica Española. ISBN

7.- Barraza Cuéllar Armando. (2019). Enséñame tu, lo que yo no veo.
España. Editorial Académica Española. ISBN.

8.- Barraza Cuéllar Armando (2022). Tú decides, que rumbo tomas.
978- 620-2- 10386-2. Editorial Académica Española. ISBN.

9.- Barraza Cuellar Armando. (2022) Debilidades y Fortalezas para integrar, desintegrar y reintegrar. Editorial Académica española. 978- 620-2- 10798-3. ISBN.

10.- Barraza Cuellar Armando. (2023). Hoy voy a Aprender a Leer. Editorial Académica Española. 978- 620- 2- 11180-5. ISBN.

11.-Barraza Cuellar Armando. (2023). Hoy día es muy difícil encontrar un Amor Sincero. Editorial Académica Española. 978-620-2- 11421-9 ISBN.

12. Barraza Cuellar Armando, (2023) ¿Por qué nosotros los seres humanos, nos inclinamos a hacer el mal? ¡Y porque no, hacemos el bien! ISBN. 978- 620-2-11905-4.

13.Barraza Cuellar Armando. (2023). El que guarda la inteligencia, hace el bien. ISBN. 978-620- 010-8944.

14. Barraza Cuellar Armando (2023). Por qué hoy día al estudiante le gusta memorizar en vez de comprender. ISBN. 978- 620- 010- 8258.

15. Barraza Cuellar Armando. (2023). Amonestación contra la pereza y la falsedad. ISBN. 978- 620- 010- 7831.

16. Barraza Cuellar Armando (2023). Nacemos, crecemos, nos reproducimos y nos morimos. ISBN. 978- 613- 942- 7055.

17. Barraza Cuellar Armando (2023). Hoy día es muy difícil encontrar un Amor sincero. ISBN. 978- 620- 211- 4219.

18. Barraza Cuellar Armando. (2023). ¿Por qué nosotros los seres humanos, nos inclinamos a hacer el mal? ISBN. 978- 613- 942- 7079.

19. Barraza Cuellar Armando. (2023). Para ser maestro hay que amar la docencia. ISBN. 978- 620-010-9453.

Printed by Books on Demand GmbH, Norderstedt / Germany